EMILY PINSCH

Pfui, Hastings!

Prosaschleuder Verlag, Rheurdt

www.prosaschleuder.de

ISBN: 978-3-945149-05-8

INHALT

BIO-SKETCH

Ich heiße Hastings. Nur Hastings. Kein Nachname, kein Zweitname, nur Hastings. Seit ungefähr vier Jahren lebe ich mit Christian zusammen, den ich Tristan nenne, weil Christian ein ziemlich bescheuerter Name ist. Er hat es akzeptiert, er kann es eh nicht ändern.

Wir haben ein schönes Haus mit Garten, wir gammeln zusammen auf dem Sofa und schlafen in einem Doppelbett. Nein, ich bin nicht schwul, ich bin ein Hund.

Und für die, die es genau wissen wollen: Ich bin ein reinrassiger Irischer Wolfshund-Mischling. Also ein Hund, den man auch als solchen bezeichnen kann, keine Wischmopptöle, kein Taschenhund und keine Fußhupe.

Ja, gut, ich erzähl auch noch was zu Tristan: Er ist eine gescheiterte Existenz, er weiß es nur noch nicht. Ab und an arbeitet er als freier Journalist, meistens versucht er aber, Schriftsteller zu sein. Seine Manuskripte werden regelmäßig von den Verlagen zurückgeschickt mit Kommentaren wie: »Was haben wir Ihnen getan?«, »Wollen Sie uns drohen?«, »Rufen Sie nicht an, wir rufen Sie auch nicht an«, was er immer mit einem überlegenen Lächeln abtut. Er denkt halt positiv. Vielleicht nimmt er auch Drogen. Man weiß es nicht.

KINO.TOT

Als gut erzogener Hund hole ich jeden Tag die Zeitung aus dem Briefkasten. Ich gebe sie Tristan dann nach dem Frühstück – beim Frühstück lese ich sie natürlich erstmal selbst. Mittwochs kommt das neue Kinoprogramm. Und da ist er endlich: Stirb langsam zwölfndrölfzig. Jaaaa! Darauf warte ich schon das ganze Jahr! »Tris, morgen Kino.«

»Jepp.«

Da Hunde nicht ins Kino dürfen und unser Hund-unterm-Mantel-Trick zwar oft funktioniert hat, aber neulich beim Verlassen des Kinosaals leider aufgeflogen ist (wer zum Henker isst im Kino Bananen?), müssen wir uns was Anderes ausdenken. Die neue Strategie von Tristan: Blinder mit Blindenhund. Endlich hat er mal eine gute Idee.

Weil er sich weigert, auf allen Vieren zu laufen, muss ich den Part des Hundes übernehmen. Tris setzt sich eine dunkle Brille auf, zieht sich einen Trenchcoat an (Blinde tragen sowas), um den Arm bekommt er eine selbstgebastelte gelbe Armbinde mit drei schwarzen Punkten – die ein klein wenig wie Pfotenabdrücke aussehen, aber auf Distanz merkt das keiner. Hoffentlich treffen wir keinen Markendetektiv von Jack Wolfskin.

Aus einem alten Trolli und etwas Klebeband basteln wir noch ein Führ-Geschirr für mich (Anleitung folgt). Dann machen wir uns auf den Weg. Als wir langsam Richtung Kino latschen, überkommt mich irgendwie ein komisches Gefühl, aber ich kann nicht den Daumen drauflegen …

An der Kinokasse ordert Tris zwei Karten für sich und seinen Blindenhund. Die Dame an der Kasse will ihm die Karten schon fast in die Hand drücken, als sie stutzt und abwechselnd die Armbinde von Tris und mich anstarrt. »Ähm … äh …. Entschuldigen Sie, mein Herr … Ähm … Hunde sind im Kino nicht gestattet …«

Tris versucht, die blindeste aller Stimmen nachzuahmen: »Aber meine Dame. Das ist doch ein Blindenhund. Ohne ihn komme ich nicht zurecht.« Wobei er jedes Wort betont und in einem Mega-Hochdeutsch spricht, als hätte er es mit einem Volldepp zu tun. Ich schäme mich still.

Die Kassenwärtin räuspert sich nochmals. »Verstehen Sie mich nicht falsch … Aber … äh … Sie sind ja offensichtlich blind… ähm. Sie sehen den Film doch gar nicht …«

Bevor ich noch wütend »Diskriminierung!« schreien kann, wirft Tris sich siegessicher in die Brust: »Ha, dafür habe ich ja meinen Hund mit! Der übersetzt mir das in Zeichensprache …«

Auf dem gleich darauf folgenden Weg nach Hause sage ich kein Wort. Ich schweige auch noch, als wir eine Pinkelrunde um den Block drehen. Auch Tristan ist still. Sein gequälter Gesichtsausdruck sagt aber mehr als tausend Worte.

Nach einem Gute-Nacht-Whiskey geht es uns etwas besser. Wir beschließen, nach Essen umzuziehen. Dort gibt es ein Autokino.

NICHT GANZ DICHT

Tris und ich sitzen gelangweilt vor dem Fernseher. Es regnet schon den ganzen Tag und es ist echt nix Dolles im Fernsehen. Talk-Shows, soweit das Auge reicht. Als ich gerade in mich kehren will, flattert aus Tristans Richtung eine Frage an mein Ohr: »Hast Du eigentlich das Abflussrohr im Keller repariert?«

Ein paar Blitze zischen durch meine Gehirnwindungen auf der Suche nach den passenden Informationen, aber da ist nichts. Ich hake nach: »Wir haben einen Keller?« Ich sehe Tristan fragend an, weil ich wirklich keinen Schimmer habe.

Tris wirkt irgendwie vergnatzt. »Das beantwortet die Frage ja ausreichend. Du hattest es doch versprochen.«

Du liebe Zeit. Wann das denn? Lag ich im Koma, als er mich fragte? »Hilf mir mal auf die Sprünge. Ich kann mich nicht erinnern.«

»Klar. Immer wenn Du was tun sollst, kannst Du Dich nicht erinnern. Vor drei Tagen. Als ich Dir das neue Computer-Spiel »Balladrauflosbattle« mitgebracht habe. Als Gegenleistung hatte ich Dich darum gebeten, in den spinnendurchfluteten, stinkenden, dunklen Keller zu gehen, um das Abflussrohr dicht zu machen.«

Jetzt dämmerts mir. Ich war gerade im 4. Level angekommen und musste noch einigen Klingoids die Gedärme rausreißen, als ich seitlich von mir so was hörte wie »Moapmoapmoap Keller moapmoap« und einfach nickte. »Du hast Nerven. Ist Dir klar, dass ich mich im Krieg befand? Da verspricht man so einiges ohne nachzudenken.«

Tristan seufzte. »Na gut. Dann mach es aber jetzt.«

Ach Mist. Es ist grad so kuschelig. Und so schön langweilig. Gott, lass irgendwas passieren, dass ich nicht aufstehen muss. Prompt klingelt das Telefon. Der Chef von Tris.

»Danke!«, sage ich in Richtung Zimmerdecke und schaue weiter Brit. Die Gespräche mit dem Chef dauern nämlich immer etwas länger, und Tristan geht sogar mit dem Telefon in sein Arbeitszimmer. Sehr gut.

Nach circa zwei Stunden kommt Herrchen wieder aus seinem Büro, fragt doch tatsächlich: »Und? Hast Du es repariert?«

Während ich antworte, schaue ich auf meine Nase, ob sie nicht länger wird: »Ja ... äh ... nicht ganz. Ich brauche noch Zeug aus'm Baumarkt. Ohne das geht gar nix. Kann ich also erst morgen machen. Jetzt ist es zu spät.«

Er glaubt mir. Mann, bin ich gut.

Der nächste Tag ist wunderbar sonnig. Ich treibe mich im Garten rum. Als ich mich gerade in Igelkacke wälze, steht plötzlich Tristan mit Jacke an vor mir und sagt: »Nu lass uns los.«

Ich halte inne, genieße noch den Duft der großen, weiten Igelwelt und wundere mich: »Was? Wohin los?«

»Ey, zum Baumarkt, natürlich. Wir holen, was noch fehlt.«

Wie? Was? Was fehlt denn? Geld fehlt, aber das kriegt man garantiert nicht im Baumarkt, außer man

überfällt die Kassiererin. Mir entweicht nur ein
»Äh ...«

»Maaaannn, Hastings. Du hast gestern gesagt, Du
brauchst noch Sachen für das Abflussrohr. Also los
jetzt. Ich hab nicht den ganzen Tag Zeit.«

Ach, nicht? Schwätzer.

Wir fahren also zum Hornbi-Baumarkt. Je näher
wir dem Laden kommen, umso stärker schwitze ich.
Mir fällt nix ein, was ich jetzt da kaufen soll.

Auf dem Parkplatz angekommen, fragt Tristan,
ob wir einen Einkaufswagen brauchen. Schwierige
Frage. Ich antworte: »Äh ... nö.«

Dann fragt er auch noch: »Was genau brauchst
Du denn? Dann kann ich ja mitsuchen.«

»Nzölligenschieber«, brabble ich vor mich hin,
antworte dann laut: »Na, so'n Gummiding und so'n
anderes. Kann ich nicht erklären. Muss ich sehen.«
Lügen ist so anstrengend, dass ich Kopfschmerzen
kriege.

In der Klempnerabteilung angekommen, entdecke
ich auch gleich, was ich meine, gebrauchen zu
können, wenn man so tut, als kümmere man sich um
ein kaputtes Abflussrohr. Schwarze Gummiringe in
allen Größen – ich nehme gleich drei verschiedene –
und Silikon. Kommt immer gut. Das wirkt sehr
professionell mit der dazugehörigen Spritze. Dann
greife ich mir noch eine Packung mit der Aufschrift
»Lötzinn« und ein cool aussehendes Werkzeug, wo
kein Preis und kein Name drauf steht. Herrchen
macht einen verwirrten Eindruck, sagt aber nix. Gut
so.

An der Kasse 64,95 und ein dicker Seufzer von
Tris.

Tristan setzt mich samt Einkauf zuhause ab, weil er noch zu seinem Chef ins Büro kommen soll. Sturmfreie Bude! Ich öffne erstmal die Kellertür und schmeiße das ganze Zeug einfach die Treppe runter, dass es unten im Dunkeln scheppert. Der Keller ist ziemlich eklig, also mache ich die Tür schnell wieder zu. Ich greife das Telefon und rufe Klempnermeister Hasenschroth an. Der kommt auch prompt. Er ist froh, dass er am Samstag arbeiten darf. Er findet die undichte Stelle, repariert alles und ist nach 10 Minuten schon wieder weg. Er ist glücklich, ich bin glücklich, Tris wird auch glücklich sein. Die Rechnung (324,80) werde ich der alten Scharteke von gegenüber in den Briefkasten werfen. Die schwebt immer in höheren Sphären und hat den totalen Durchblick längst verloren, aber nie eine Rechnung unbezahlt gelassen.

Als Tristan nach Hause kommt, grinse ich über beide Ohren.

»Und?«, fragt er leicht vorwurfsvoll.

»Guck doch selbst!«, sag ich erhobenen Hauptes. Er überwindet sich, geht gucken, kommt zurück und freut sich. »Super! Das sieht ja klasse aus. Es tropft nicht mehr! Woher kannst Du so was nur? Ich bin beeindruckt.«

»Du weißt doch, dass Du Dich auf mich verlassen kannst.«

Tja, Leute, so ist das im Leben. Dichtung und Wahrheit liegen manchmal weit voneinander entfernt.

KURZ GESAGT

Es ist warm. Es ist so verdammt warm draußen, also eigentlich richtig heiß. So um die 35 Grad im Schatten. Tris bemerkt, dass es mir damit nicht so sonderlich gut geht und beschließt einschneidende Gegenmaßnahmen. Er geht mit mir zum Hundefriseur.

Da ich bisher noch keine Erfahrungen mit Friseuren habe, aber von ein paar Kumpels nichts Gutes darüber gehört habe, bin ich etwas nervös. Tristan hat einen Termin gemacht, also kommen wir – das heißt ich – sofort dran. Frau Linkowski, die auch den nebenan befindlichen Fußpflegesalon betreibt, nimmt mich mit offenen Armen in Empfang. Ich habe ein ungutes Gefühl, denn irgendwie sieht sie aus wie eine alte Hexe mit einem bösen Blick. Nicht sehr vertrauenserweckend, was ich auch gleich äußern muss. »Sie sehen aus wie eine alte Hexe, warum sollte ich ausgerechnet Sie an mein Fell ranlassen?«

Tris ist peinlich berührt und murmelt eine Entschuldigung. Die alte Hexe zuckt nur mit den Schultern. »Sie hatten ja schon am Telefon gesagt, dass er schwierig ist. Aber ich hab schon ganz andere Sachen erlebt.«

Ich bin etwas erbost. »Schwierig? Ich? Schwierig? Tris, warum erzählst Du so einen Schwachsinn?«

Tristan zuckt ebenfalls mit den Schultern. »Weil es wahr ist?«

Dann zucke auch ich mit den Schultern. »Ok.«

Es geht los. Die Haarspezialistin bittet mich auf eine Art OP-Tisch im Hinterzimmer. Mir wird etwas komisch zumute. Der Tisch wird per Fußschalter in die richtige Arbeitshöhe befördert. Hightech. Während ich noch so sinniere, was so ein Tisch denn wohl kostet und welche Mafia dafür aufgekommen ist, greift Frau Linkowski zu einem Kamm, der mit Klingen versehen ist. Ich muss schlucken, beiße aber die Zähne zusammen. Dann fängt sie an, mich zu ziepen.

»Hey, nicht so doll … Au! … Nicht da … Au! … Nicht so fest … Wo waren Sie in der Lehre? In einem sibirischen Gulag?«

Sie ignoriert mich völlig. Mit der Zeit wird das Ziepen weniger oder mir macht es nichts mehr aus. Ich weiß es nicht, denn ich werde von der Kämmerei ziemlich müde. Als Linkowski aufhört, will ich vom Tisch hüpfen, aber sie bremst mich ab. »Halt, halt, halt! Wir sind noch laaange nicht fertig.«

Nicht? Wenn ich so auf den Boden schaue, was dort so alles an Körperteilen von mir liegt, dachte ich schon, wir wären fertig, aber so richtig. Nein, Frau Linkowski zückt ein weiteres Folterinstrument. Es macht Geräusche, denn es ist elektrisch. Das geht gar nicht. Sie kommt näher, näher, näher. Ich bekomme Panik, ducke mich, fange an zu wimmern und rufe Tristan zu Hilfe: »Papa! Papaaaaa! Hilfe!«

Ich höre grad noch so, wie sich die Ladentür schließt und sehe Tristan pfeifend am Schaufenster vorbeigehen. Er geht! Er geht einfach weg! Er lässt mich im Stich! Gefangen im Hundefriseur-Hostel! Am besten ich stelle mich tot. Ich lasse mich auf die Seite fallen und bewege mich nicht mehr. Frau

Linkowski seufzt ziemlich laut. »Hastings, stell Dich doch nicht so an. Es tut nicht weh, wirklich.«

Das »wirklich« verstärkt meine Angst nur noch.

Linkowski dreht sich weg und kramt irgendwo rum. Kurz überlege ich zu flüchten, aber sie wendet sich schon wieder mir zu. Durch mein halb geöffnetes Auge sehe ich, dass sie eine Bestechung in der Hand hat. Eine halbe Wurst. Eine ganze halbe Wurst! Mett. Die mag ich am liebsten.

»Schau, Hastings. Möchtest Du?«, fragt sie mich verführerisch.

Meine Augen öffnen sich ganz, ohne dass ich es will. Ich hab verloren. Ich setze mich wieder auf und lasse ungehemmt meinen Sabber auf den Tisch tropfen. Linkowski, die bei näherer Betrachtung eigentlich gar nicht so hässlich ist, gibt mir die Hälfte von der Hälfte von der Wurst. »Das andere Stück bekommst Du, wenn wir fertig sind.«

Das heißt dann wohl, dass ich noch leben werde, wenn wir fertig sind. Ich atme tief ein und aus: »Also gut. Legen sie los.«

Und sie legt los. Das Vibrieren der Maschine geht mir durch und durch, aber ich bin stark. Wie von weiter Ferne höre ich die Ladentürklingel, weiß, dass der Verräter zurückgekommen ist. Dem Geruch nach zu urteilen, hat er sich einen Schokoriegel mitgebracht.

Die Maschine verstummt. Endlich darf ich vom Tisch und springe auf den am Boden entstandenen Flokati. Es ist vorbei. Und ich lebe noch. Wo bleibt die Wurst? »Wo bleibt die Wurst?«, frage ich gierig.

Das Lachen, das dann von ihr folgt, bedeutet nichts Gutes. »Jetzt doch noch nicht. Erst, wenn wir fertig sind, habe ich gesagt.«

Meine Synapsen deuten diese Aussage dahingehend, dass wir wohl noch nicht fertig sind.

Die nette Folterkammerbetreiberin leitet mich in eine Art Waschküche mit diversen Becken, Wasserhähnen und Duschköpfen. Mir schwant was, und ich wiegle ab. »Moooooooment. Baden ist überhaupt nicht notwendig. Ich habe vor einem halben Jahr gebadet. Das reicht völlig aus. Ich bin sozusagen klinisch rein.«

Sie lacht wieder und nimmt mich wohl nicht für voll. Statt die Sache mit mir zu klären, ruft sie in Richtung Ladenlokal: »Sie sagten doch baden, oder?«

Ich höre regelrecht, wie Tris grinst. »Ja, klar, wenn wir schon mal hier sind, nutzen wir die Gelegenheit.«

Das ist so mies. Er weiß, dass ich das hasse und vom Baden Depression bekomme. Darüber muss die Friseuse informiert werden: »Ich bekomme Depression vom Baden. Also wäre es sehr anständig, wenn wir das lassen können. Wie wär es mit Trockenshampoo?«

»Hastings, ich bin Profi. Vertrau mir.«

»Profi in was? Tierquälerei?«

Sie sagt gar nichts mehr, deutet nur mit einer Hand auf eine große, fast bodengleiche Duschwanne und wedelt mit der Wurst in der anderen Hand. Hatte ich schon mal erwähnt, dass ich für leckeres Essen alles tue? Mein Hirn schaltet da irgendwie um oder aus, wie auch immer.

Ich atme nochmal richtig tief ein und gehe zur Waschstraße. »Aber bitte kein Shampoo in die Augen! Dann bin ich sofort wieder weg. Dass wir uns da verstehen.«

»Ich werde aufpassen, keine Sorge.«

Sie stellt das Wasser an – es ist angenehm warm –, trägt etwas Shampoo auf (es riecht nach Hühnchen) und massiert es ein. Hmmmm. So macht Tristan das nie. Er sollte sich das mal anschauen. Linkowski knetet meinen Rücken und meinen Nacken und sogar meine Ohrläppchen! Ich genieße das und trete fast völlig weg. Sie ist viel zu schnell fertig mit dem Einmassieren und spült den Schaum ab. Mir fällt mit Schrecken ein, was nach dem Baden immer kommt: Föhnen! Mein Herz setzt einen Schlag aus. Ich kriege Schnappatmung. Doch die herzliche Frau Linkowski flötet engelsgleich in mein Ohr: »Föhnen brauchen wir heute nicht, denke ich. Es ist draußen heiß. Da wirst Du sicher nicht frieren.«

Sie rubbelt mich noch mit einem microfaserweichen Handtuch ab, stemmt die Arme in die Hüften und sagt: »So. Fertig! Ein prachtvoller Hund mit einem prachtvollen Haarschnitt!«

Zusätzlich zu diesem Kompliment bekomme die andere Hälfte von der halben Wurst – und noch eine halbe Wiener dazu! Die mag ich am liebsten! Eigentlich ist Frau Linkowski eine ziemlich hübsche Frau.

Sie drückt auf die Kasse und sagt zu Tris: »65,– Euro, bitte.«

Tris kriegt Augen groß wie Suppenteller, schluckt und zahlt. Ja, sie ist wirklich überaus attraktiv.

FLUCH

Ich kann es selbst kaum glauben, aber mein liebes Herrchen hat mich zu einem Zeppelin-Rundflug überredet. Korrektur von Tristan: eine Zeppelin-*Fahrt*.

»Unglaublich! Man denkt, man ist auf dem Wasser und doch ist man in der Luft. Toll!« Das leichte Schwanken ließe alles so unwirklich und traumhaft erscheinen blablabla. Er kommt gar nicht mehr raus aus dem Schwärmen, so dass ich mir beizeiten einen Kopfhörer aufsetze, um Radio zu hören. Jetzt kann ich nur noch sehen, wie er erzählt. Mit Blick gen Himmel fuchtelt er mit den Armen, deutet hierhin und dorthin. Die Musik, die ich gerade höre, passt nicht ganz zu seinem Rhythmus, also schließe ich auch noch die Augen.

Als ich so eine Ahnung habe, dass er mit seinem Vortrag fertig ist, öffne ich die Augen und nehme den Kopfhörer ab. Tristan sitzt jetzt ganz erschöpft, aber selig auf dem Sofa.

»Hör mal, Tris, Du kannst gern mit dieser Zigarre fahren, aber ohne mich.« Damit löse ich eine weitere Strophe der Lobeshymne auf Luftschiffe aus. Ich unterbreche ihn. »Tris, mir wird schlecht bei sowas. Du weißt doch, Achterbahnen, Karussells, Düsenjäger … Da muss ich kotzen. Und dafür ist mir mein Essen echt zu schade. Außerdem ist das Tierquälerei.«

»Och, Hastings!«, er stampft mit dem Fuß auf, »Sei doch mal ein bisschen abenteuerlustig. Es ist nur ein Gerücht, dass einem dabei schlecht wird. Sonst würden das ja nicht soviele Leute machen.«

»Pffft! Was ist das für ein bescheuertes Argument? Viele Leute nehmen auch Drogen.«

»Ich versprech Dir, wenn Dir schlecht wird, brauchst Du einen Monat nicht abwaschen.«

»Wir haben eine Spülmaschine.«

»Ja, gut. Dann …. Dann kriegst Du einen Monat meinen Nachtisch.«

»Den krieg ich sowieso.«

»Maaaaann!!! Dann darfst Du eben einen Monat aussuchen, was wir essen.«

Das klingt gut, daher stimme ich zu. Denn wenn es ums Essen geht, gehe ich über Leichen, sogar über meine eigene.

Es ist endlich soweit, der Tag ist gekommen. Wir latschen über eine matschige Wiese zum Zeppelin, der jetzt schon droht abzuheben und an der Leine zerrt, an der er festgebunden ist. Es ist leicht bedeckt, und ich frage mich, ob der Wind nicht zu stark ist. »Ist es nicht zu windig?«, frage ich etwas verunsichert.

»Ach, Quatsch, Hastings. Die werden schon wissen, was sie tun. Wo müssen wir einsteigen?«

Ich stutze. »Sag mal Tris, wie oft bist Du denn schon mit einem Zeppelin geflogen?«

»Ich? Noch gar nie! Warum?«

Ich schweige und merke, wie mir jetzt schon ganz komisch wird.

Wir fliegen – Verzeihung – fahren los. Schon in geringer Höhe fängt das Ding so an zu schwanken, dass das Luftschiff seinem Namen alle Ehre macht. Magen und Gehirn sagen sich des Öfteren guten Tag, aber ich stecke das erstaunlicherweise ganz gut weg. Ich schaue aus dem Fenster, fasziniert von dem Ausblick.

Mein Sitznachbar, den ich namentlich nicht nennen möchte, da ich seine Bekanntschaft gerade zutiefst bedaure, greift sich die erste Tüte und kotzt. Ich halte ihm die Packung mit meinen Pfefferminzbonbons hin, bei deren Anblick er die zweite Tüte greift und diese ebenfalls füllt.

Wir gewinnen an Höhe. Es ist wirklich unglaublich. Man denkt, man ist auf dem Wasser und doch ist man in der Luft. Toll. Das sage ich auch zu Tris: »Unglaublich! Man denkt, man ist auf dem Wasser und doch ist man in der Luft. Toll!« Herrchen vernimmt es, übergibt sich prompt in den dritten Beutel. Langsam stinkt's. Die vollen Tüten hat er nämlich auf seinem Schoß abgelegt. Ich hege die Befürchtung, dass er bald eine davon zerquetschen wird, wenn er sich zur nächsten Kotz-Attacke nach vorne beugt. Und ich sitze am Fenster und kann nicht weg. Also quetsche ich mich soweit es geht in Richtung Bordwand und drücke meine Nase an die Scheibe.

Alles ist sooo winzig! Die doofen Kühe! Echt super! Jetzt überfliegen wir einen Schornstein und es wird etwas neblig.

»Boah, schau! Ist das psychedelisch oder was? Es sieht so aus, als ob wir auf dem Rauch landen!« Ich schubse Tristan an, damit er endlich mal guckt, aber das löst noch mehr Übelkeit aus. Langsam mach ich mir Sorgen, denn das, was da jetzt noch rauskommt, hört sich nicht mehr wie gewesene Nahrung an. Tris ist auch schon recht grün.

Wir erreichen gerade ein paar Gewitterwolken, die nicht eingeplant waren. Es schaukelt jetzt wie bei hohem Wellengang. Erstaunlicherweise gefällt mir dieses Auf und Ab. Ich blicke abwechselnd auf die Landschaft unter mir und auf den Himmel über mir, ohne dass ich den Kopf überhaupt bewegen muss. Herrchen liegt jetzt auf dem Gang und röchelt. Eine dicke Frau hat ihm etwas Wasser gebracht, das er tatsächlich auch bei sich behält.

Als wir im Sinkflug sind, rappelt sich Tris auf und bekommt wieder etwas Farbe. Dann haben wir festen Boden unter den Füßen. Herrchen wankt zum Ausgang, ich hopse hinter ihm her, so wie das ein gut gelaunter Hund eben macht. Die vollen Kotztüten habe ich vorher sicherheitshalber unter unseren beiden Sitzkissen versteckt. Soll ein anderer seine Freude daran haben.

Draußen spuckt Tristan noch etwas Galle auf den Rasen. »Nächste … Woche … Düsenjäger«, stammelt er.

»Ja klar. Das wird ein Spaß«, stimme ich zu, damit er beruhigt ist.

Als wir mit dem Auto nach Hause fahren und ich die Karte lesen muss, kotze ich aufs Armaturenbrett. Autofahren ist nicht so meins.

NACHBARS LUMPI

Ich liege schon den ganzen Morgen träge auf dem Sofa, zappe durch Britt und Geißen, was mich im Moment intellektuell total befriedigt. Draußen ist es etwas bedeckt. Das macht mich müde und unlustig.

Als ich das gerade so richtig genieße, kommt Tristan mit den neuen Nachbarn im Schlepptau ins Zimmer. Tris trägt einen Pappkarton vor sich her.

Scheiße, Abwechslung, denke ich so bei mir. Und alle drei Störenfriede scheinen verdammt gute Laune zu haben, denn sie grinsen von einem Ohr bis zum anderen. Nicht zu viel Interesse zeigen, denke ich und bewege nur eine Augenbraue. Mein Schwanz wedelt automatisch, das lässt sich leider nicht vermeiden. Mistding.

Die ganze Truppe schiebt sich samt Karton bedrohlich näher zu mir. Herrchen legt los: »Hastings, schau doch mal, was Michael und Daniel da mitgebracht haben! Das wird dich umhauen!«

»Bin so gespannt«, brabble ich vor mich hin, schaue aber erst mal weiter auf Britts Frisur.

Doch er hat recht, es haut mich um: Tristan holt aus dem Karton einen weißen, handtellergroßen Flauschball heraus, der verdächtig nach einem Hundebaby riecht. Zur Bestätigung gibt dieses Ding gleich quiekende Geräusche von sich und wedelt, was das Zeug hält. Ich schlage die Augen überm Kopf zusammen. »Oh Gott … ein Sabbertooth. Geh bloß weg damit. Tris, der gehört jetzt aber nicht zu uns, will ich hoffen.«

Mit so einer Reaktion hat die Hundebabyfraktion anscheinend nicht gerechnet. Alle gucken so erstaunt. Sie haben wohl erwartet, dass ich einen freudigen Stepptanz aufführe oder so. Aber anscheinend wollen sie sich die gute Laune nicht vermiesen lassen – das Grinsen breitet sich schnell wieder aus.

Nachbar Daniel weiht mich ein: »Das ist Powder. Er wird jetzt bei uns wohnen.«

Das nehme ich sehr erleichtert zur Kenntnis. Mehr muss ich gar nicht wissen.

Mein Herrchen meint aber, Powder und ich müssen die besten Freunde werden, weil wir zufällig zur selben Spezies gehören. Also setzt es den Wattebausch vor mich hin und klatscht vergnügt in die Hände, das Pärchen stimmt mit ein.

Ich könnte den pelzigen Marshmallow jetzt mit einem Happs verschlingen und komplett runterschlucken, wenn ich wollte. Es würde nicht einmal Blut fließen. Aber ich will nicht.

Ich seufze genervt. Powder versteht das wohl als Aufforderung. Er fängt an, sich auf die Hinterbeine zu stellen, um meine Nase abzulecken. Ich gebe ein kurzes, aber eindringliches Knurren mit einem strengen »Pfui!« von mir, wie man das bei ungezogenen Hunden macht. Aber das beeindruckt ihn überhaupt nicht.

In der Annahme, dass er es nicht gehört hat, ist mein nächstes »Pfui« lauter und strenger, gleichzeitig wische ich ihn mit meiner Pranke aus meinem Gesicht, worauf Tristan Powder sofort wieder an sich nimmt. »Hastings, benimm Dich! Wehe, Du tust dem Kleinen was! Er ist doch noch ein Baby«, wobei er die letzten Worte mit einem schnutigen

Schmollmund ausspricht. Mir kommt gleich das Essen hoch. Blättermagen mit Gemüse.

Das Baby beweist gerade, das es eins ist: Es lässt einen gelben Wasserfall am Arm meines Menschen herunterlaufen. Jetzt ist es an mir zu grinsen. Ich mache eine Schnute und wiederhole, was Tristan gesagt hat: »Ochissochnocheinbaby …«, dabei lach ich mich halbtot.

Mit einem angewiderten Gesicht rennt Herrchen samt Flauschball in den Garten, gefolgt von Dani und Michi. Ich trabe langsam hinterher, bin jetzt doch neugierig geworden, was babymäßig noch so passiert.

Im Garten dann großes Hallo, als der Kleine nochmal pinkelt. Er schiebt spontan einen schönen Haufen hinterher.

Auf die Wiese.

Den englischen Rasen.

Tristans englischer Rasen.

Powder ist so gut wie tot.

Ich darf nur an die Ränder pinkeln. Nie, nie, aber auch niemals mitten. Einmal habe ich es gewagt – und habe ganze zwei Tage Trockenfutter gekriegt. Wie grausam können Menschen sein.

Da ich mit einer Tirade von Flüchen und Verwünschungen rechne, halte ich mir besser die Ohren zu. Aber was dann folgt, schockt mich wirklich: »Bissueinsüßersüßersüßerfratz!«.

Ich nehme die Pfoten wieder runter, puhle mir das Schmalz aus den Ohren, weil ich glaube, mich verhört zu haben. Nein, tatsächlich ist mein Mensch immer noch fröhlich. Er gibt der Puderquaste sogar noch ein Leckerchen. Ich bin stinksauer. »Wie jetzt? Kein ›Spinnst Du? Mein schöner Rasen‹? Kein ›Ich bring Dich um‹? Bin ich hier im falschen Film oder was?«

Tris schaut mich verständnislos an. »Hastings, er ist doch …«

Ich verdrehe die Augen, denn ich kenne die Antwort und fahre fort: »… noch ein Baby. Ich weiß, ich weiß.«

Dani springt auch gleich herbei, bewaffnet mit einem Hundekack-Beutel in Gelb mit grünen Blümchen drauf. Was es nicht alles gibt … Er bemerkt mein Staunen. Mit den Worten: »Haben wir drucken lassen. Schön, gell?«, entfernt er die Hinterlassenschaft seines Zöglings.

Michi kramt derweil aufgeregt in seinem Rucksack. Zum Vorschein kommt ein Stück Stoff. »Ja, was haben wir denn da? Ein süßes Geschenk für einen süßen Hund!«

Er schnappt sich das kleine Schäfchen. Das Stück Stoff entpuppt sich als ein Miniatur-T-Shirt, das er dem Welpen überstülpt. Hellblau. Auf dem Rücken steht in Glitzerschrift »Powder«. Ich will grad zum Handy greifen, um den Tierschutz anzurufen, als der Träger des T-Shirts anfängt mit Extremwedeln. Ihm scheint's zu gefallen. Ich fremdschäme mich zu Tode. Selbst Tristan fehlen jetzt die Worte ob dieses Anblicks. Er wird gerade aus seiner Kindchen-schema-Puppy-Trance herausgerissen und kommt zur Besinnung, auch weil Michi aus seinem Rucksack noch vier kleine Schühchen herausholt, die der Mehlwurm laut verbalem Begleittext im Winter tragen soll – jetzt sind seine Füßchen noch viel zu klein. Es folgt noch eine rote Haarspange, die dem bereitwilligen Opfer gleich in die Kopfhaare geclipst wird.

Dann schildert uns Daniel seine Pläne mit dem reinrassigen Irgendwas: »Er wird einmal wöchentlich zum Friseur gebracht, damit sein schönes Fell nicht verfilzt. Und die Hundeausstellungen! Er wird sicher alle Preise abräumen! Wir werden vielleicht auch mit ihm züchten. Er hat alle nötigen Papiere. Und wenn er mal tot ist, kommt seine Urne auf den Kamin.«

Michi und Daniel grinsen sich bestätigend an, wir sind total gebügelt. Die kleine Familie verabschiedet sich und verschwindet mit dem Neuzugang rüber in ihren Garten. Wir hören noch ein beginnendes Gespräch über weitere Hundebekleidung und bleiben paralysiert zurück.

»Was haben wir für merkwürdige Nachbarn« sage ich.

Tristan nickt. »Ja, schon seltsam … Tee?«

»Gern, mit Ingwer bitte.«

ENTSCHEIDUNGSDRUCK

»Hastings, ich geh zur Pommesbude, was zu essen holen. Was willst'n?«

Warum setzt er mich denn so unter Druck? Er hat schon die Schuhe an und greift zur Jacke.

»Ja … warte … warte … Ich äh … Ich nehme ein Schnitzel mit Pommes.« Wow, ich bin selbst überrascht, wie schnell ich das hingekriegt habe und grinse.

Tris wiederholt: »Schnitzel mit Pommes. Geht klar.«

Kaum hat Tris das ausgesprochen, kommen mir Zweifel. »Warte, warte! Moment …« Ich strenge mein Gehirn an. Schnitzel hatte ich vorgestern … Pommes sind ja ok. Die Lösung: »Ich nehme doch lieber Pommes mit Gyros.«

»Pommes Gyros«, wiederholt Tristan, für mein Empfinden etwas zu gleichmütig. Was will er damit sagen? Ist Gyros irgendwie doof? Ich reiße meine Pfote hoch: »Moment noch, warte! Gyros … ich weiß nicht …«

Tristan stützt seine Hände in die Hüfte und schaut mich ungeduldig an. So kann ich doch nicht nachdenken. Ich drehe mich weg und schaue Richtung Küche. Vielleicht hilft das ja. Und tatsächlich: »Ich nehme eine Curry-Wurst. Mit Pommes Mayo.« Ja. Genau das. Obwohl: Curry-Wurst? Bäh. Ich stelle mich Tristan in den Weg, als er gerade durch die Haustür raus schlüpfen will. »Mooooment! Ich möchte bitte gern was anderes.

Curry-Wurst ist immer so … so … naja. Pommes mit Jäger-Frikadelle. Ja, das will ich. Aber mit Senf auf der Frikadelle unter der Soße. Ja, ja. Das will ich.«

Tris versucht, die Tür zu öffnen, ich stemme mich aber mit aller Kraft dagegen. Er zieht heftig an der Klinke und drückt sich mit den Füßen an der Wand ab.

»Warte, waaaaarte«, stöhne ich mit der letzten Luft, die mir noch bleibt, »Pizza bitte, mit Anchovis (stöhn).«

Mein Herrchen stöhnt zurück: »Ja … Pizza … (uff) … alles … (ächz) … klar.« Er hat es tatsächlich geschafft, die Tür einen Spalt breit zu öffnen und sich durch zu fummeln. Meine Pfoten haften nicht so gut auf Fliesenboden. Ich reiße die Tür auf und renne hinterher. Er ist schon fast beim Auto. Bei meinem Sprung zwischen seine Beine haut er mir sein Knie in die Rippen Mir entfleucht mit einem Huster: »Salat, Salat!« Bin ich bescheuert? »Nein, warte … Nudeln mit … Sahnesoße.«

»Nudeln … Sahnesoße, alles … klar.« Tris ist ganz schön außer Atem. Er setzt an, um seinen Autoschlüssel ins Türschloss zu stecken.

Als ich im Bruchteil einer Sekunde meine Pfote dazwischen schiebe, rammt er mir in seinem Übereifer den Schlüssel dort hinein. »Blut … wurst … Ich will … Pommes mit Blutwurst …«

»Die … Pom … mes … bu … de … hat … kei … ne … Blut … wurst.«

Mein Mensch ist ganz schön kräftig, schiebt mich beiseite und schafft es ins Auto. Er betätigt die Zentralverriegelung, der Schuft, startet den Motor und fährt los. Tatsächlich ohne meine Bestellung abzuwarten. Was mach ich jetzt? Anrufen! Aber nicht mit meinem Handy. Tris würde nicht rangehen, wenn er meine Nummer sieht. Mit Hinweis auf einen Notfall bitte ich einen Passanten, mir sein Handy zu leihen. Nervös tippe ich die Nummer ein. Tris nimmt ab.

»Lasagne«, schreie ich, gebe dem netten Handy-Verleiher sein Telefon wieder, flehe ihn an, schnell weiterzugehen, renne ins Haus zurück, verstecke mich unterm Bett und nage an meinen Krallen.

Eine halbe Stunde später kommt Tris mit einer großen Tüte zurück. Es duftet so wunderbar, dass ich sabbere.

»Pommesbude hatte zu. Ich war beim Chinesen.«

Gebratene Nudeln. Lecker. Genau das, was ich wollte.

KOMMT'N HUND ZUM ARZT

»Herr Doktor, er lügt.«

»Hastings! Red' nicht so einen Unsinn. – Wirklich, Dr. Wolf. Es kam nur so aus ihm rausgeschossen, fast wie Wa …«

»ER LÜGT! Ehrlich! Mir geht es phänomenal! Hier sehen Sie!« Ich grinse den Tierarzt an wie ein Honigkuchenpferd, mit großer Anstrengung, denn mir geht es ziemlich dreckig.

»Hastings, lass mich doch mal Deinen Bauch abtasten.« Der Arzt duzt mich einfach so und will auch noch in die Nähe meines Intimbereichs. Ich knurre ihn an.

»Meine Güte, Hastings! Jetzt ist aber Schluss!« Herrchen ist etwas genervt. Vielleicht auch deshalb, weil es noch ziemlich k.o. ist von unserem Kampf, als es mich ins Auto gestopft hat. Aber ich füge mich.

Ich resigniere.

Soll mich doch der Tod holen.

Mit einem langgezogenen Seufzer, der bestimmt noch im Wartezimmer zu hören ist, werfe ich mich melodramatisch auf die Seite und lasse meinen Duzfreund, den Doktor, an meinen Bauch. Er drückt und der Bauch kneift zurück. Ich jaule vor Schmerz. Dann kommt die obligatorische Frage, die ein Arzt so stellt, wenn es um den Magen-Darm-Trakt geht: »Was hat er gefressen?«

»Ähm … ja … sein Futter …« Tristan schaut mich etwas vorwurfsvoll an.

Da er ins Stocken geraten ist, kann ich auch selbst antworten. Es geht ja schließlich um mich. »Was soll ich wohl schon gefressen haben – autsch. Was ein Hund so frisst ... Dosenfutter, Trockenfutter, Hühnchen ... So Hundezeug halt.«

Tris mustert mich abermals von der Seite mit einem Blick, der mir durch und durch geht. »Hastings! Los jetzt!«, zischt er mich mit zusammengepressten Zähnen an.

»Naja, vielleicht war da noch was anderes ... Vielleicht so ein bisschen ... so ... Pferdeäppel.« Ich senke meine Augen. Peinlicher kann's nicht mehr werden. Aber der Doc sieht mich ganz gelassen an, als ob er selbst hin und wieder zum Apfel greift und das Problem kennt. »Ach ja. Das kann eine Erklärung sein. Alles halb so wild. Aber zur Sicherheit machen wir noch eine Röntgenaufnahme, um einen Fremdkörper auszuschließen.«

Fremdkörper? Ist der irre? Röntgen? Ist der bekloppt? Ich soll einer tödlichen Strahlung ausgesetzt werden? Ich bin einer Ohnmacht nahe und lasse meinen Kopf an der Seite des Untersuchungstisches herunterhängen. Mir schwinden fast die Sinne.

Mit vereinten Kräften tragen mich die Arzthelferinnen Yvonne, Sabine und Klaus zum Röntgenraum. Dort legen sie mich auf den kalten Tisch. Sie ziehen sich Bleiwesten an.

»Und ich?«, frage ich verzweifelt. »Krieg ich keine?«

Die drei lachen nur amüsiert. Sie richten meinen gepeinigten Körper auf der Folterbank aus. Jetzt ist sowieso alles egal. Eine hält meinen Kopf, eine meinen Schwanz und der Dritte im Bunde hält meine Füße fest. Ich weine still vor mich hin.

Dann ist es vorbei. Ich hab nix gemerkt. Ich schaue an meinem Körper entlang, alles noch dran, nichts verbrannt oder entstellt.

Der Doc sieht sich die Fotos meiner Innereien an. Er ist zufrieden. Da ist nix. Also doch nur eine Pferdekacke-Unverträglichkeit. Gott sei Dank! Halleluja! Ich feiere meinen zweiten Geburtstag. Ein Kneifen meines Bauches holt mich wieder aus meiner Steppeinlage und vom Schreibtisch des Doktors auf den Boden der Tatsachen zurück. »Autsch! Und nun?« Etwas verlegen rücke ich die Sachen, die ich auf dem Schreibtisch durcheinander gebracht habe, wieder zurecht. Ich warte gespannt auf das Resume des Quacksalbers.

»Hier sind ein paar Tropfen«, er zaubert ein Fläschchen aus seiner Kitteltasche, das er Tristan reicht, »die Sie ihm bitte morgens und abends ins Futter geben. Nach drei Tagen müsste das eigentlich gegessen sein.« Er schiebt noch einen Lacher hinterher, weil er seinen Witz urkomisch findet.

Tatsächlich ist mein Unwohlsein schon nach einem Tag vorbei – dank dieser Tropfen. Ungeahnte Möglichkeiten tun sich auf! Meine Probier-das-mal-Liste reicht von A wie Aal, verdorbener, bis Z wie Zampano (das ist der Terrier aus dem Hochhaus). Bei »P« habe ich die Pferdeäppel weggelassen – die hab ich ja schon abgehakt und für gut befunden.

HOME IS WHERE YOUR DOG IS

»Es ist echt doof, dass ich zuhause arbeite …«

»Hä?« Diese Bemerkung von Tristan lässt mich tatsächlich mal aufhorchen. »Wieso das?«

Er fuchtelt mit den Armen und zuckt mit den Schultern, bis er endlich anfängt zu stammeln: »Naja … Ich komm halt nicht nach Hause.«

Mir schwirren einige Fragezeichen um den Kopf rum. Herrchen scheint es bemerkt zu haben und erläutert ausführlicher: »Na, ich BIN ja zuhause. Wäre es nicht schön, wenn ich so um Fünf die Haustür aufschließe, rufe: Ich bin dahaaa! Dann kommst Du schwanzwedelnd angestürmt, um mich zu begrüßen?«

Das ist es also. Er fühlt sich nicht beachtet. »Du spinnst«, knurre ich ihm entgegen und dreh mich wieder ein.

Aber er ist noch nicht fertig: »Also ich fände es schön. Das gibt einem das Gefühl, gebraucht und geliebt zu werden.«

Ich ziehe den Kopf wieder aus meiner Schlafstellung und werde etwas unziemlich: »Das Gefühl, gebraucht zu werden? Ja sicher! Ich warte acht Stunden auf Dich, meine Blase droht zu platzen, weil ich die ganze Zeit nicht rauskomme. Da würde ich Dir eher vors Schienbein treten und nicht mit dem Schwanz wedeln, wenn Du nach Hause kommst. Echt jetzt.«

»Aber wenn ich vom Einkaufen komme, freust Du Dich ja auch ein bisschen, oder?«

»Warum, glaubst Du, freue ich mich? Weil Du nach Hause kommst oder weil Du mir immer was Leckeres mitbringst?«

Er ist etwas böse jetzt, denkt aber kurz nach. »Na, sagen wir mal, ich arbeite nur halbtags und würde Dir was Leckeres mitbringen, wenn ich von der Arbeit komme?«

»Vielleicht würde ich mich dann zu einem Wedeln hinreißen lassen. Was würdest Du mir mitbringen?«

»Weiß nicht ... Leber?«

»Nö.«

»Hühnerherzen?«

»Nö.«

»Pansen?«

»Hmmm ... Nö.«

»Hühnerflügel?«

»Ja, darauf können wir uns einigen. Da würde ich wedeln.«

Er seufzt lächelnd. »Ja, das wär schön ...«

Es ist echt doof, dass er zuhause arbeitet.

HUSCHU

»Hastings, was hältst Du eigentlich von einer Hundeschule?«

Ich sehe von meinem Sudoku auf und nehme meine Brille ab. »Du willst was über Hunde lernen? Kann ich nur unterstützen.«

»Neeee, doch nicht so rum. Hundeschule ist für Hunde.«

»Oh, cool!«, antworte ich, weil ich mich schon mit süßen Studentinnen in einem Hörsaal sitzen sehe. »Da kannst Du mich gern in den tiermedizinischen Studiengang einschreiben!«

Tristan schiebt seinen Hintern auf dem Sessel hin und her. »Hach, Hastings. Du stellst Dich an wie ein Welpe. Hundeschule – dort lernt der Hund was Sitz, Platz und Bleib ist.«

»Also, ich weiß doch wohl, was ein Sitz ist: Das ist ein Möbel. Oder ein Autositz. Es kann aber auch ein ›Sitz‹ zur Berechtigung einer Stimmabgabe sein, zum Beispiel in der Politik. Und ein Platz ist eben ein Platz. Es kann eine freie oder umzäunte Fläche sein, ein Ort etc. pp. Aber was ein ›Bleib‹ ist, das weiß ich tatsächlich nicht. Meinst Du vielleicht eine Bleib*e* und hast in Deinem jugendlichen Leichtsinn ein E vergessen? Hahaha!«, schiebe ich mein »Englischer-Lord-Lachen« hinterher und wende mich wieder meinem Rätsel zu, weil mir das echt zu doof ist.

»Haha. Nein. Schau doch mal hier die Broschüre, die war im Briefkasten.« Tris hält mir ein Faltblatt unter die Schnauze:

Sie wollen einen folgsamen Begleiter? Einen Hund, der Ihnen viel Freude bereitet und mit dem Sie Spaß haben? Kommen Sie zu uns! Wir beraten Sie gern. Wir bieten Ihnen eine kostenlose Probestunde an! Beratung und Training auf Sie zugeschnitten! Hundeschule Schnippenkötter. Gleich um die Ecke.

Au backe. Manchmal frage ich mich, ob Tristan nicht ausgelastet ist. Und überhaupt: Habe ich das nötig? »Habe ich das nötig?«, frage ich mal so ganz direkt und unverblümt. Tristan ist wohl schon für diese Frage gewappnet. Er sagt mit verschränkten Armen: »Na, dann mach doch mal Sitz. Ich bin gespannt.«

Kann er haben. Ich erhebe mich von meinem Sessel. Dann stehe ich erstmal da. Und jetzt? Ich bin schockiert. Über mich selbst. Ich habe keinen Schimmer, was ich jetzt tun soll, daher versuche ich es mit einer Verzögerung: »Sowas geht nur mit Leckerli. Das müsstest Du doch wissen, wenn Du Dich schon für Hundeerziehung interessierst.«

Tristan flitzt in die Küche und kommt mit einem professionellen Leckerli-Gürteltäschchen zurück. Ich kann riechen, dass er Fleischwurst in dem Beutel hat. Verdammt. Er weiß, wie er mich rumkriegt. »So, Hastings. Nu mach mal.«

Tristan fuchtelt mit einem Stück Fleischwurst vor meiner Nase. Er hält es so dämlich über mich, dass ich mir den Kopf fast verrenken muss oder … mich hinsetzen muss!!! Tadaaaaa! Ich kann »Sitz«! Ich kann »Sitz«!!! Meine Güte, ich bin so stolz, lass es mir aber nicht anmerken und bleibe nach außen cool. Tris gibt mir das Stück Fleischwurst und sagt in einem ganz merkwürdig hohen Ton: »Feeiiiiin gemacht! Braver Hund!«

»Ich will noch ein Stück.«

»Ne, ne. Nicht einfach so. Da musst Du schon was für tun. Mach mal ›Platz‹«. Wieder nimmt er etwas Fleischwurst aus seinem Sack (hach wie lustig), fuchtelt aber jetzt nicht über meinem Kopf, sondern macht komische Andeutungen mit der flachen Hand. Das versteh ich! Gott sei Dank habe ich die letzte Folge von Rütter gesehen. Da haben sie grad »Platz« geübt. Ha!

Ich lege mich also artig hin und kassiere dafür mein Leckerli. »Siehst Du Tris, das ist ja wohl einfach. Das Geld für die Huschu kannst Du also direkt mir geben. Ich wollte ins Casino. Mit meinen Berechnungen kann ich das beim Roulette verdoppeln.«

»Gute Idee, Hastings. Aber nicht Du wirst gehen, sondern ich. – Bleeeeiiiiib!«

Was hat er nun wieder vor? Er macht mit der Hand beschwichtigende Bewegungen in meine Richtung und geht rückwärts zur Haustür. »Bleeeiiiiib!«, wiederholt er, nimmt seinen Schlüssel vom Schlüsselhaken, wirft mir beim Herausschlüpfen ein Stück Wurst hin und ist weg. Etwas irritiert fresse ich die Wurst und horche an der Tür.

»Tris? Trihiiiis?«

Verdammt. Wieder was gelernt. »Bleib« kann ich also auch.

DER, DESSEN NAME NICHT GENANNT WERDEN DARF

Wir schlendern so langsam durch die Fußgängerzone an den Schaufenstern vorbei, als ich eine Schaufensterpuppe mit Seitenscheitel sehe. »Hihi, guck mal Tris, noch ein Bärtchen und die Schaufensterpuppe sieht aus wie Hitler!«

Kaum habe ich das gesagt, macht Tris hektische Bewegungen in meine Richtung, blickt in die Runde, sagt »Schschschtttt!« und hält mir den Mund zu.

Ich bin völlig verwirrt und schaue mich ebenfalls irritiert um. Herrchen klärt mich auf. »Sag das nicht so laut.«

»Was? SCHAUFENSTERPUPPE?«

»Neeee …«, flüstert er.

»Was denn?«, flüstere ich zurück.

Tris beugt sich zu mir herunter, hält seine Hand schützend neben seinen Mund und wispert mir ins Ohr: »Hitler.«

»Was? Hitler?«

»Schschschscht!« Tristan bedeutet mir jetzt mit beiden Händen, leiser zu sein. Aber warum nur? Ich entferne mich ein paar Schritte von ihm, weil er mir langsam unheimlich wird und frage nochmal nach – aufgrund der weiteren Entfernung natürlich etwas lauter: »HITLER? ICH SOLL ›HITLER‹ NICHT SAGEN? WARUM?«

Tris schaut sich wieder panisch um, greift sich mit beiden Händen in den Haarschopf und läuft davon. Ich bleibe unaufgeklärt zurück.

Am Auto treffe ich ihn dann wieder. Er ist immer noch sehr nervös. Er durchsucht seine Taschen nach dem Autoschlüssel.

»Den Schlüssel hab ich, falls Du den suchst«, sage ich und deute auf meinen Rucksack. Tristan brummelt was in seinen nicht vorhandenen Bart und fummelt den Schlüssel aus meinem Rucksack. Wir können endlich nach Hause fahren.

Da ich mich in meiner Freizeit mit Psychologie befasse, möchte ich nun doch wissen, was sein Problem ist. Also komme ich gleich zur Sache. »Hitler …«, ich mache eine kleine Pause, in der ich einen Seitenblick auf ihn werfe und vernehme, dass er kurz zuckt, »… darf ich also nicht laut sagen. Hattest Du schlechte Kindheitserinnerungen an Hitler?«

»Quatsch! Hi … ist halt das absolut Böse gewesen, einer, der für den Tod von Millionen Menschen verantwortlich ist. Ein mega krankes Arschloch eben. Und wenn man in der Öffentlichkeit den Namen sagt, könnten die anderen denken, man findet ihn gut und ist ein Nazi.«

Meine Verwirrung schwindet nicht, also bleibe ich am Ball. »Also wenn ich ›Scheiße‹ laut sage, finde ich Scheiße gut und bin Scheiße-Fetischist?«

»Uach, Hastings. So doch nicht. Scheiße ist ein gängiges Wort. Aber wenn man von groß H Punkt redet und die Leute hören den Rest der Aussage nicht, kann das schon komisch wirken.«

So halbwegs weiß ich jetzt, wovor er Angst hat, kann es aber nicht nachvollziehen. Ich stelle nur mal wieder fest, dass mein Mensch höchst merkwürdig ist.

Als wir am nächsten Tag einkaufen sind, ich wieder mal als unhygienischer Hund vor dem Lebensmittelladen warten muss und die versifften Leuten beobachte, die da rein dürfen, streichelt mich eine hübsche Blondine. Tris kommt gerade aus dem Laden und freut sich schon auf ihre Bekanntschaft. Sie fragt: »Na, wie heißt Du denn, mein Kleiner?« Sie meint natürlich mich.

Ich antworte mit einem Lächeln: «Hitler!« Sie stutzt, hört auf mich zu streicheln, schaut erbost auf Tristan, dem sämtliche Farbpigmente aus dem Gesicht in seine Hose gerutscht sind, und stapft wütend in den Laden. Herrlich! Tris ist immer so ein dankbares Opfer!

Er wandelt paralysiert zum Auto, schmeißt die Einkäufe auf die Rückbank und schaut mich tieftraurig deprimiert an. »Warum tust Du sowas immer?«, fragt er weinerlich.

Ich zucke mit den Schultern, weil ich denke, dass die Antwort klar ist: »Weil's lustig ist. Deshalb.«

HIER BIN ICH HUND, HIER DARF ICH NICHT SEIN

Tris ist auf die absurde Idee gekommen, einem Hundeverein beizutreten – obwohl er kein Hund ist, wohlgemerkt. Aber schauen wir mal.

Wir kommen am Parkplatz an, auf dem schon einige Autos stehen, teilweise mit Hundeanhängern. In manchen sind noch Hunde drin, die sich lautstark bemerkbar machen. Mir wird ganz anders zumute. »Was ist das denn für ein Gulag hier?«

Direkt neben uns parkt ein Kombi mit einem mittleren Irgendwas-Terrier in einer Transportbox. Als ich aussteige, stelle ich mich an die Autoscheibe des Kombis und linse hinein. Der Terrier kriegt sofort einen Tobsuchtsanfall und versucht, seinem kleinen Käfig zu entkommen. Ich mache ein Ätschi-Bätschi-Gesicht und strecke ihm die Zunge raus. »Thu tommst na ni aaaaus! Thu tommst na ni aaaaus!" Zu Tris sage ich dann: »Was für arme Würste. Was haben die verbrochen, dass man sie einsperrt?«

Ohne eine Antwort von Tris zu erhalten, betreten wir das Vereinsgelände. Direkt vorne an steht ein Plattenbau in Miniaturformat mit einigen kleinen Gittertüren. Ich werde sehr misstrauisch, als Tristan mich in diese Richtung drängt. Je näher wir kommen, umso komischer wird mir, und noch bevor ich mich versehe, stecke ich in einer dieser Nischen. Tris macht mir vor der Nase die Tür zu. Es ist tatsächlich ein Zellenblock.

»Hastings, ich komm gleich wieder. Ich muss noch ein paar Formalitäten klären.«

Ich glaub's ja nicht. Er sperrt mich tatsächlich weg wie einen Schwerverbrecher, dann stiefelt er davon, Richtung Vereinsgebäude.

Ich grabsche durch die Gitterstäbe, öffne den Riegel und folge ihm. Als ich ihn eingeholt habe, stelle ich ihm ein Bein, so dass er Hände wirbelnd nach vorne tanzt, aber nicht hinfällt. »Hastings! Spinnst Du? Was machst Du hier? Du solltest doch im Kennel bleiben!«

»Kennel … So, so. Das ist also der schönende Fachbegriff für die willkürliche Inhaftierung unschuldiger Carnivoren. Was hat Dich denn geritten, mich einfach einzusperren?«

Tris erhebt seinen Zeigefinger in meine Richtung, aber noch bevor er seine Stimme erheben kann, werden wir in unserem Disput unterbrochen. Eine streng zurückgekämmte Frau in Militärhose und -boots kommt auf uns zu. »Na, Sie haben ihn ja gar nicht im Griff. Das werden wir ihm schon noch abgewöhnen.«

Ich fühle mich bestätigt und stimme ein: »Ja, ja, das würde ich sehr begrüßen. Er macht was er will! Haben Sie das mitgekriegt? Er hat mich eingesperrt und wollte mich …« Ich breche ab, denn sie macht einen irritierten Eindruck. Ich komme endlich drauf, dass sie mit Tristan spricht, nicht mit mir.

Der lächelt etwas verlegen und zuckt mit den Schultern. »Deswegen bin ich ja hier. Wollte uns gerade anmelden. Sind Sie Frau Burschikowa?«

Sie ist es, streckt Tris die Hand entgegen. Sie lächelt, wobei zwei lange Reißzähne zum Vorschein kommen. Ich will nach Hause.

Tris meldet uns also im Hundeverein an. Er bekommt einen 24-bändigen Brockhaus an Statuten mit. »Wir« möchten gern mittwochs und samstags kommen, damit mir Leinenführigkeit und Gehorsam beigebracht wird. Du liebe Zeit.

So ergibt sich in den nächsten Wochen folgender Ablauf: Wir fahren zum Verein, machen für ca. 15 Minuten ein paar Übungen, dann werde ich in den – hust, hust – Kennel gesperrt, damit Tris in Ruhe mit den anderen Vereinsmeiern quatschen, Kaffee trinken und über die Misserfolge der gerade im Training befindlichen Mithäftlinge diskutieren kann. Und jedes Mal öffne ich die Zellentür, um wie Lassie meinem Herrchen treu zu folgen.

Ich setze mich dann mit an einen Tisch und richte über die Fehler der Hunde-Eleven, die man vom Vereinsgebäude aus auf dem Platz beobachten kann. Ich habe mir speziell dafür Tafeln mit Bewertungsnoten gebastelt, die ich dann entsprechend hochhalte. Meistens begleitet von einem »Buuuh« meinerseits. Die menschlichen Mitglieder haben Tristan eindringlich nahegelegt, mein Verhalten zu unterbinden.

Als ich einen schriftlichen Antrag zur Selbstbestimmung meines Aufenthaltes im Verein mit 18seitiger Begründung an den Vorstand gestellt habe, haben sie Geld gesammelt und Tris ein Vorhängeschloss für den Kennel geschenkt.

Tristan hat sich für das zweckmäßige Geschenk ausgiebig bedankt und es gleich eingesetzt – gerade an dem Tag, als der Präses seinen Geburtstag im Vereinshaus feiert. Da ich auch gratulieren möchte, kann ich unmöglich im Kennel bleiben. Kleinigkeit. Ich öffne das Schloss mit einer Haarspange (Wo hab ich die wohl so plötzlich her? Natürlich aus meinem McGiver-Service-Pack, für 9,95 Euro von www.puppy-nerdnerdnerd.dog).

Ich geselle mich zur Vereins-Kaffeegesellschaft, greife mir Teller, Serviette und ein Stück Kuchen. Tristan entdeckt mich. Er seufzt so, dass ich es zwar nicht hören, aber an seiner Körpersprache sehen kann. Er schleicht sich unauffällig in meine Richtung. Um kein weiteres Aufsehen zu erregen, zerrt er mich Richtung Ausgang. »Hastings, bitte, gehst Du mir zuliebe in den Kennel? Bitte, bitte! Was sollen denn die anderen von mir denken? Die gucken schon immer so komisch …«

Ich verschränke meine Arme und drehe den Kopf weg. »Nein.«

»Hastings, biiiiiittttteeeeee!«

Ich bin nicht ganz herzlos, also schlage ich einen Kompromiss vor: »Ich gehe nicht in Einzelhaft. Wenn es Dir recht ist, bleibe ich im Auto.«

Tristan, sichtlich erleichtert, bringt mich und noch drei weitere Stücke Kuchen zum Auto. Dann geht er zurück zum Vereinshaus, um dort weiter zu feiern und wichtige Hundeangelegenheiten mit den anderen hundelosen Mitgliedern zu diskutieren.

Im Auto wird mir ziemlich langweilig. Ich schalte das Radio ein. Poppoppoppop-Musik! Ein toller Rhythmus bei dem man mit muss, zu dem ohne Frage die Begleitung einer Auto-Hupe gehört. Ich bin gerade hupenderweise kurz vor einem tranceartigen Zustand, als Tris die Autotür aufreißt und mich puterrot anschreit. »Hastings! Bist Du von allen guten Geistern verlassen! Hör auf mit der Huperei! Du machst alle verrückt!«

Jetzt, da ich aufgehört habe zu hupen, höre ich von allen Seiten langgezogenes Hundegejaule und wütende Rufe aus Richtung des Vereinsheims. Ups.

In geduckter Haltung grinse ich ihn an. »Tschuldigung ... ähem ... mir war langweilig.«

Tris zieht wieder ab, immer noch wütend.

Mir ist wieder langweilig. Ich drücke auf alle möglichen Knöpfe. Licht an – aus, Warnblinker an – aus, Blinker an – aus, Nebelrückleuchte an – aus. Fenster auf – hey, Fenster auf! Super! Ich strecke meinen Körper soweit wie möglich hinaus und atme die Freiheit ein. Versehentlich komme ich aber mit der Hinterpfote auf den Fenster-Zu-Knopf auf der Mittelkonsole. Die gläserne Guillotine presst sich gegen meinen Hals, immer stärker, ich fange an zu röcheln und zu zappeln, mein Hinterfuß rutscht vom tödlichen Schalter ab, die Scheibe stoppt. Leider finde ich den »Auf«-Knopf nicht und röchle weiter vor mich hin. Der Terrier von neulich steht wieder nebenan. Jetzt macht er mir ein »Ätschi-Bätsch-Gesicht«. Arschloch.

Es fängt an zu regnen. Hunde und Katzen. Das, was von mir draußen ist, wird pladdernass, das Wasser läuft mein Fell entlang auf die Sitze, die nach kurzer Zeit genauso durchgeweicht sind. Endlich, eine halbe Stunde später, kommt Tris, um mich zu befreien. Schweigend fahren wir nach Hause. Das Auto müffelt, Tris wirkt bedrückt, ich bin schlecht gelaunt.

Tris muss jetzt immer allein in den Hundeverein gehen. Er kann mich nämlich mal kreuzweise. Ich lasse mich nicht einsperren. Die Vereinsmitglieder haben sowieso keinen Bock darauf, dass Tris mich ständig an den Hacken hat.

Mittlerweile wird ihm bewusst, dass eine Mitgliedschaft in einem Hundeverein ohne Hund völliger Blödfug ist. Darum überlegt er, einem Kegelverein beizutreten. Da kann er mich ruhigen Gewissens mitnehmen.

FINAL RESIGNATION

Tristan hat das neue Kinoprogramm in der Zeitung aufgeschlagen. »Boah, Final Destination! Da müssen wir rein. Nächsten Dienstag Autokino?« Ohne auf meine Antwort zu warten, fährt er fort: »Das ist der Film, wo ein Typ Zukunftsvisionen hat ...«

»Ich weiß.«

»... und wo ein ganz furchtbarer Unfall passiert...«

»Ich weiß.«

»... und dann passieren noch viel schlimmere Unfälle ...«

»Ich weiß.«

»... und alles eklig und alle sterben und voll die Kamera drauf ...«

»Ich weiß.«

»... und ...Was? Wie: Du weißt?«

»Ich hab den Film schon gesehen. Letzten Sommer auf DVD.«

»Quark! Das hier ist Teil 5!«

»Kennste einen, kennste alle.«

Tristan erhebt den Zeigefinger. »Mitnichten! Da sind himmelweite Unterschiede. Jeder Teil dieser Serie hat seine Besonderheiten und die Computertricks werden sowieso immer besser. Du kannst jetzt bei einem Blutspritzer fast die einzelnen Moleküle sehen, so superecht ist das gemacht. Die Unfälle sind wieder so was von genial – dieser

Erfindungsreichtum ist beneidenswert! Und das Allerbeste: Es ist in 3D!!! Ist das nicht fantastisch?«

»Fantastisch«, stimme ich völlig unbeeindruckt zu. Aber nun gut. Solange er alles zahlt, ist es mir ziemlich schnuppe, wo wir reingehen. Hauptsache, ich kriege meine Tacos mit Käse und scharf.

Der Film ist, wie zu erwarten war, anatomisch so detailliert, dass man für ein Medizinstudium keine Leichen mehr aufschneiden muss. Ich mache mir Notizen, man weiß ja nie, wofür man sowas brauchen kann.

Tristan sitzt da mit offenem Mund, völlig fasziniert. Ab und an höre ich ein »Boah!«

Dann grabscht er in der Popcorn-Tüte herum und merkt, dass da nix mehr drin ist. Ohne mich anzusehen, hält er mir die Tüte hin: »Hol ma neues.« Und ein paar Sekunden später: »Bitte.«

Weil ich so ein netter Hund bin, mache ich das doch glatt. Zumal meine Tacos ebenfalls alle sind und ich dringend das Bein heben muss. Der Film langweilt mich sowieso. Ich mache mich also auf den Weg zum Kiosk. Aus dem Augenwinkel kann ich gerade noch sehen, wie irgendwelche Gedärme in Richtung der Zuschauer fliegen. Bei einigen Autos gehen die Scheibenwischer an.

Als ich mich mit drei Portionen Tacos mit doppelt Dipp und einer klitzekleinen Packung Popcorn auf den Rückweg zum Auto mache, passiert es. Irgendein Idiot hat sein Eis im Kiosk fallen lassen, ich trete rein, rutsche nach hinten weg, versuche, das Gleichgewicht durch einen Ausfall-schritt zu halten, latsche in eine ausgekotzte Currywurst, schwanke nach vorn, um die Taco-Popcorn-Balance in meinen Vorderpfoten zu halten, und renne wie eine Ballerina tippelnder Weise zur Tür raus in eine riesen Matschepfütze (Inhaltsstoffe: 71 % Regenwasser, 26 % Modder, 38 % Motoröl, 2 % Pommes). Tacos und Popcorn sind gerettet, aber meine Füße sehen aus wie Schwein. Am Auto angekommen, trete ich wütend gegen die Fahrertür. Als Tris öffnet, demonstriere ich ihm meine Vanilleeis-Curry-Wurst-Kotze-Matschefüße. »Guck Dir die Scheiße an!«

Tristan, noch im Horrorfilm-Modus, sieht dieses an Eiter und aufgeplatzte Pestblasen erinnernde Kunstwerk, dreht sich angewidert in Richtung Mittelkonsole und spuckt sein halbverdautes Popcorn in den viel zu kleinen Aschenbecher. Trotz Ekelfaktor 12 setze ich mich wieder auf den Beifahrersitz, rieche diese ganze saure Pampe, fühle mich inspiriert und übergebe mich aufs Armaturenbrett. Dabei schneide ich mich mit der Papier-Popcorn-Tüte an der Pfote. Die fängt an zu bluten. Tristan kann kein (echtes) Blut sehen, fällt in Ohnmacht, mit dem Kopf unglücklicherweise seitlich in seinen Auswurf. Das übersteigt selbst meine Ekel-Hemmschwelle und ich trete ebenfalls weg.

Als wir beide wieder zu uns kommen, tätscheln ein paar Kino-Angestellte liebevoll unsere Wangen und legen uns feuchte Lappen auf die Stirn.

»Sie sollten sich sowas nicht angucken. Horrorfilme sind nichts für schwache Gemüter.«

THE BEAST

»Ich will eine Katze.«

Tristan verschluckt sich an seinem Kaffee, hustet erstmal ne Weile und sagt: »Du spinnst. Ich will nicht noch ein Haustier.«

Da ich diese Aussage nicht verstehe, hake ich mal nach: »*Noch* ein Haustier? Redest Du von der Maus im Keller?«

Tris scheint diese Frage unangenehm zu sein. Er antwortet erst nach einer längeren Pause. »Öhm ... nee ... Die Maus meine ich nicht ... Ich meine Dich, so als Hund ...«

Ich bin schockiert und sprachlos. Er sieht mich als Haustier? Mich? Als Haustier? Seinen besten Freund und Saufkumpan? Ein Haustier?

Schweigend räume ich mein Frühstücksgeschirr in die Spülmaschine, verlasse geknickt die Küche und setze mich aufs Sofa. Tristan folgt mir. »Hastings, das ist doch nicht böse gemeint. Es ist nun mal so. Ein Hund ist ein Haustier. Das kann Dir doch nicht neu sein. So wie eine Katze ein Haustier ist oder eine Maus, so ist ein Hund eben auch ein Haustier. Was soll ich sagen ... Guck nicht so bedröppelt.«

Mir fehlen die Worte immer noch. Meine Mundwinkel folgen der Erdanziehung ganz weit nach unten, die Tränen lassen sich auch nicht zurückhalten. Meinem neuen Rang entsprechend verlasse ich die Couch und lege mich auf den Fußboden. Tris fuchtelt hilflos mit den Armen. »Och Mensch,

Hastings. Ich wollte Dich doch nicht kränken. Was kann ich tun, um Dich wieder aufzumuntern?«

Ich gebe nur ein »Wuff!« von mir und bin still.

Tristan ist wohl wirklich ziemlich verzweifelt und bringt mir vom Einkaufen ein Riesen-Steak mit, das ich auch gleich verdrücke – ohne den traurigen Ausdruck zu verlieren. Zum Nachtisch gibt es ein Stück Käse. So langsam finde ich Gefallen daran, ein Haustier zu sein. Als dann auch noch der Postbote kommt, ich ihn bellend anspringe und ihm quer über das Gesicht lecke, erfüllt mich eine warme Zufriedenheit. Ich räume mein Geschirr nicht mehr weg (ich esse jetzt sowieso auf dem Boden), mähe auch nicht mehr den Rasen. Ich wusste nicht, dass man als Haustier so ein tolles Leben haben kann.

Mein Herrchen ist nicht so erbaut, zumal ich seine Hausschuhe gefressen habe und nur noch belle statt spreche. Und ich habe viel zu sagen. Als ich dann meinen blutigen Hühnerhals auf dem Perser (Teppich, nicht Landsmann) ausgebreitet habe, ist's vorbei. Tris ist völlig fertig und beginnt sich seine schütteren Haare zu raufen: »Ja! Gut! Himmelhölle! Du sollst Dein verdammtes Katzenvieh haben!«

Ich grinse über beide Backen, springe in die Luft und ihn an, freue mich riesig, finde auch gleich meine Sprechstimme wieder. »Supidupiduuuu! Los, nimm Deine Autoschlüssel, ab zum Tierheim!«

Gesagt, getan. Ich habe jetzt also eine weiß-braune, kuschelige Hauskatze. Europäisch-Kurzhaar. Ein Mistvieh sondergleichen. Es macht meine Hausschuhe kaputt, räumt sein Geschirr nicht weg, frisst das Futter auf dem Perser (Teppich ...) und miaut mich die gaaanze Zeit an. Ein Haustier ist echt nicht auszuhalten.

DIE WAHRHEIT

»Buuuuuääääh, Hastings! Es stinkt auf einmal so ... Warst Du das?«

Ich spitze die Ohren, schnüffle durch die Luft und antworte wahrheitsgemäß: »Es war der Hund.«

»Du bist der Hund, Hastings.«

»Ich habe nichts anderes behauptet. Ihr Menschen schiebt sowas doch gern auf ›den Hund‹. Auch wenn er es nicht war.«

»Ja, aber ich war's nicht. Also bleibst ja nur Du übrig.«

»Ich hab's ja schon zugegeben. Das kommt von dem blöden Trockenfutter, das Du mir gestern in Ermangelung von Frischfleisch vorgesetzt hast. Ekelhaft. Das macht solche Blähungen. Die müssen halt raus.«

»Ist ja gut. Ist ja auch was ganz Natürliches. Trotzdem ekelig.«

Während des Gesprächs stehen wir bei Tristan im Schlafzimmer, weil er sich gerade schön macht für seine neue Vielleicht-Liebschaft Sabine. Er hat sie zum Essen eingeladen, was ich sehr befürworte, denn wenn Tristan kocht, bleibt immer ein Haufen für mich übrig.

Um sechs (für die Militärs unter Euch: 1800) steht das Essen auf dem Tisch, es gibt Zwiebelbraten mit Bohnen und Kohlbratlingen.

Es scheint zu schmecken, denn es bleibt kaum noch was übrig. Ich staune, was eine Frau so alles verdrücken kann. Nach dem Essen setzen wir uns ins

Wohnzimmer vor den Elektrokamin und schwatzen über Gott und die Welt. Tris hat extra Likör und süßen Wein gekauft, damit er der Dame etwas anbieten kann. Er und ich hingegen bleiben beim Scotch.

Plötzlich stinkt es zum Umfallen übel. Es herrscht Stille und wir schauen uns alle gegenseitig aus den Augenwinkeln an. Dann deutet Tris angewidert auf mich: »Hastings! Pfui Teufel!«

Da ich ihn vor dem Besuch nicht in Verlegenheit bringen will, senke ich schuldbewusst den Kopf. »Tut mir leid. Bin halt nur ein Hund ...«

Sabine tätschelt mit einem leicht verkniffenen, mitleidigen Lächeln meinen Kopf.

Als Sabine geht, verabschieden sich die beiden mit einer freundschaftlichen Umarmung – mehr ist heute wohl noch nicht drin. Trotzdem sehen beide ganz zufrieden aus.

Sobald die Tür hinter ihr ins Schloss gefallen ist, guckt Tristan mich vorwurfsvoll an. »Hastings, hättest Du nicht auf die Terrasse gehen können? Das war das Übelste, was ich seit langem gerochen habe.«

Jetzt ist es an mir, wütend zu sein: »Ich??? Was soll das denn? Da rette ich Dich vor einer Blamage und dann das!«

»Aber ich war es nicht! Da bleibst ... Da bleibt doch nur ...«

Wir sehen uns an und die Wucht der Erkenntnis haut uns stärker um als der Druck einer Atombombe.

Der Schock sitzt erst mal tief, aber Tris mag Sabine trotzdem noch sehr gern. Weil ist ja was Natürliches blabla. Die beiden treffen sich also weiter. Über das Vergasungsdilemma wird kein Wort verloren. Offiziell war ich der Übeltäter. Tris oder Sabine unternehmen rein gar nichts, um das richtigzustellen. Ich kann damit leben.

Denn Tris und ich haben eine Abmachung: Er kocht einmal in der Woche ein Dreigänge-Menü für mich, damit ich ihm auch weiterhin brav auf Schritt und Tritt folge und als Schuldiger in solchen »Situationen« zur Verfügung stehe. Insbesondere natürlich bei Rendezvous mit Sabine. Sogar in ihre Wohnung darf ich mitkommen. Und wann immer es anfängt zu müffeln, schauen sich beide tief in die Augen, lächeln und sagen gleichzeitig: »Es war der Hund.«

Und manchmal lächle ich mit.

WEISSRÖCKCHEN

Meine Blase meldet sich gegen 9.30 Uhr. Ich ziehe an Tristans Zudecke, um ihn sanft zu wecken. Er grummelt nur »Laminruh« in sich hinein und dreht sich auf die andere Seite. Ich muss ziemlich dringend, also schüttle ich ihn ein bisschen. »Tristan!! Du musst mit mir Gassi gehen! Ich halt's nicht mehr lange aus!«

Tristan erbarmt sich und quält sich aus dem Bett. Zuerst schleppt er sich aber zum Bad, um zu pinkeln. Das macht es für mich nicht grad einfacher – er pinkelt sehr geräuschvoll.

Ich laufe schon mal nach unten und stülpe mir das Halsband über. Während Tris sich anzieht, muss ich auf und ab hüpfen, um meiner Blase keine Gelegenheit zu geben, auszulaufen. Dann kommt Tris endlich. Er öffnet die Haustür.

Schockschwerenot! Es muss in der Nachbarschaft gebrannt haben, denn überall ist Löschschaum. Üüüüüüberall! Tris fängt an zu grinsen: »Wow! Es hat geschneit! Toll!«

Mir bleibt die Spucke weg. Meine Blase ist auch wie zugeschnürt. Schnee. Hab ich noch nie nicht gesehen. Die Stufen vorm Haus sind durch das Vordach geschützt gewesen, aber auf dem Gehweg ... Da liegt es überall. Üüüüüüberall!

Tristan ist plötzlich hellwach. Er scheint sehr glücklich über das weiße Zeug zu sein. »Los, komm! Wir machen einen schönen Waldspaziergang! Hach, das wird herrlich!«

Er stürmt los, ich bleibe erstmal auf der Stufe sitzen. Was ist, wenn es ätzend oder toxisch ist? Brennt es mir die Füße weg? Tut es weh?

Tris winkt, um mich zu ermutigen. »Mach schon! Tu nicht so, als ob du noch nie Schnee gesehen hättest.«

Hab ich auch nicht. Was will der von mir? »Hab ich auch nicht ...«

»Ach, nicht? Letztes Jahr und vor zwei Jahren und im Jahr davor ... Das weißt Du nicht mehr?«

Ich erinnere mich zum Verrecken nicht. Aber mein Gedächtnis in diesen Dingen ist eher schlecht.

Ich zögere noch etwas, aber meine Blase will nun doch auch in den Wald. Ich taste erst mal mit meinem großen Zeh, wie sich das anfühlt. Hm ... gar nicht so schlimm, wie ich befürchtet hatte. Ich atme tief ein, dann gehe ich Tristan hinterher. Es knirscht unter meinen Füßen. Lustig. Mir wird plötzlich ganz flauschig und leicht um's Herz. Ich habe das Bedürfnis herumzutollen. Wie ein Welpe! Jetzt weiß ich, warum Kokain auch als Schnee bezeichnet wird. Schnee macht glücklich!

Doch vor einem Haus liegt rein gar kein Schnee mehr, aber es glitzert verführerisch. Wie kleine Diamanten. Ich stürme drauf zu, höre wie in Trance und Zeitlupe ein »Haaassstttttiiiiiinnnnnggggggssssss! Naaaaaaaaaiiiiiiiiiiiiinnnnnnnn!« Aber es ist bereits zu spät. Ich laufe durch die Diamanten, die sich schmerzhaft in meine Füße brennen. Ich fange an zu jaulen und versuche, alle vier Pfoten gleichzeitig hochzuheben. Tris eilt herbei, um mich zu retten. Er ergreift mich mit einem Hechtsprung, wir landen auf dem verschneiten Rasen, wo ich meine geschundenen Füße kühlen kann. Himmelhölle! Was war das?

»Hastings, alles klar? Ich reibe Dir die Füße mit Schnee ab. Der ganze Bürgersteig ist voller Salz. Du weißt doch, dass Du hier aufpassen musst.«

»Danke, Tris. Das habe ich jetzt auch gemerkt. Woher sollte ich das wissen? Ich rufe gleich mal die Polizei, um den Typen anzuzeigen, der das verbrochen hat. Tierquälerei in aller Öffentlichkeit. Wo sind wir nur hingekommen.« Ich grabsche in Tristans Jackentasche, um sein Handy rauszuholen, aber er blockt ab. »Ne, Hastings, das ist nichts Verbotenes. Das ist für die Versicherung, das hab ich Dir doch schon erklärt. Damit die Hauseigentümer sagen können, wir haben ab 7.00 Uhr gestreut und alles Menschenmögliche getan, damit keiner hinfällt.«

»Aber ich darf mir die Füße verätzen? Ist ja ätzend.« Glucks. Ich bleibe also auf der Wiese, bis wir wieder auf hundefreundlichere Wege stoßen.

Im Wald ist der Schnee noch tiefer und Tristan muss seine Füße heben, damit er vorankommt. Obwohl es anstrengend für ihn ist, hört er nicht auf zu grinsen. »Hach, ist das herrlich!«

Und nach einer Weile fragt er: »Sind wir überhaupt noch auf dem Weg? Ach, auch egal. Herrlich!«

Ich hüpfe und springe voller Energie, bis ich merke, dass meine Füße irgendwie schwer werden. Ich bleibe stehen, ziehe eine Pfote aus dem tiefen Schnee, um sie anzuschauen. Gütiger Gott! Ich habe lauter Ping-Pong-Bälle an den Haaren hängen! Die Kontrolle der anderen Beine bringt das gleiche Ergebnis zutage. Panik steigt in mir auf. »Tristan!

Hilfe! Was ist das? Sind das Parasiten? Sie klammern sich an meinen Beinen fest!«

Tristan findet das urkomisch, lacht sich halbtot. »Ach, Hastings. Du wieder!«, und lacht weiter aus vollem Herzen. Ich hingegen habe Herzklopfen bis zum Hals und versuche, diese Dinger aus meinem Fell zu ziehen. Es tut höllisch weh, denn die verklebten Haare reiße ich mit aus. Als Tristan fertig ist, mich mit seinem Handy zu fotografieren, wendet er sich endlich meinem Problem zu. »Lass das mal. Das machen wir zuhause. Mit warmen Wasser ist das kein Problem.«

Warmes Wasser? Meine Hirnwindungen schicken Stromstöße hin und her und ermitteln die Bedeutung dieser Worte: Badewanne. Ich fange an hektisch zu atmen. »Ich soll baden??? Bist Du von allen guten Geistern verlassen? Mach was! Hilf mir! Ich will nach Hause, ich will dieses Zeug loswerden, ich will keine Badewanne, ich will kein Salz, ich will einfach nur Sterben!«

Tris findet neben einer Bank eine McDonalds-Papiertüte und hält sie mir hin. Ich atme hinein, werde etwas ruhiger, als ich den Hamburger-Duft rieche. Dann schaue ich mir nochmal mein Fell an. Tränen steigen mir in die Augen, denn das sieht scheiße aus und ziept.

Wir machen uns auf den Rückweg; ich um bestimmt fünf Kilo schwerer durch diese Eistumore, Tristan völlig unbeschwert. Er pfeift sogar. Ich hasse ihn. Dann kommt uns auch noch dieser snobistische, kurzhaarige Dalmatiner mit dem Papageiennamen »Jacko« entgegen. Als er mit seinem Herrchen an uns vorbeigeht, sieht er mich an, zieht eine Augenbraue hoch, setzt ein herablassendes Lächeln auf und zischt mir »Du lernst es nicht, oder?« zu, was ich nicht interpretieren kann. Beschämt senke ich meinen Kopf. Meine Tränen sind zu Perlen gefroren und kleben jetzt ebenfalls im Fell. Zwischen meinen Ballen setzt sich immer mehr ein Gemisch aus Schnee und Dreck fest, das mir zunehmend Schmerzen bereitet, bis ich humpelnderweise vor mich hin jammere. Als wir wieder an der Salzwüste vorbeikommen, hege ich den Gedanken, mich dort hinzuwerfen und auf mein Ende zu warten. Aber als ich unser Haus sehe, flammt wieder neue Hoffnung in mir auf.

Tristan zerrt mich direkt ins Bad. Ich lasse diese Qual resigniert über mich ergehen. Er holt Shampoo, was der ganzen Tortur die Krone aufsetzt. Als er mich dann auch noch föhnt, sehe ich mein kurzes Leben an meinem inneren Auge vorbeiziehen.

Nachdem ich mich nach diesen Strapazen auf dem Sofa ausgeruht habe, gebe ich eine Erklärung ab. Ich sage: »Christian«, ich nenne ihn bei seinem Taufnamen, damit ihm die Wichtigkeit meiner Aussage bewusst wird, »Christian, ich werde erst wieder rausgehen, wenn der Schnee weg ist. Er oder ich. Das war das Schlimmste – neben Tierarztbesuchen – was ich je erlebt habe.«

Tris zuckt nur mit den Schultern, sagt »Ja, ja« und geht wieder in den Garten, um an seinem Schneehund weiterzubauen. Ich klettere auf den Dachboden, um das zweite Katzenklo für meine weiteren Gassigänge herunterzuholen. Ich nehme mir vor, das zukünftig gleich zu Beginn des Winters zu tun. Dort finde ich ans Katzenklo angeklebt einen Brief von mir an mich:

Lieber Hastings,
denk dran, bei Winterbeginn das Katzenklo aufzustellen!
Dein schneegeplagter Hastings

UNISONO

»Und die hier?«

»Hmm ... Nö.«

»Die?«

»Würg!«

»Hach ... Guck, die hier! Die ist doch schön!«

»Leidest Du an Geschmacksverirrung oder wie?«

»Ich weiß nicht, was Du willst. Die würde prima passen!«

»Wozu? Zu Deinem Stuhlgang?«

»Mann, manchmal kannst Du echt arschig sein. Schlag Du doch mal was vor. Ich bin gespannt.«

»Ich wollte gar nicht mit. Du hast mich gezwungen.«

»Jetzt rede Dich nicht heraus. Los, mach einen Vorschlag.«

»Ist ja gut! Ist ja gut! – Die hier. Keine Widerrede.«

»Also weißt Du. Du musst Dir schon etwas Mühe geben.«

»Mir ist langweilig.«

»Mir auch. Aber da müssen wir jetzt durch. Los!«

»Da, die dahinten. Von hier aus sieht die gut aus.«

»Gott, sowas Scheußliches hab ich lange nicht gesehen.«

»Das ist echt sehr motivierend, weißt Du. Und diese hier? Guck! Schön, oder?«

»Naja ... Lass uns mal weitergucken.«

»Was übersetzt heißt: Bloß nicht! Mir ist langweilig, hab ich das schon gesagt?«

»Geh mal da rüber. Vielleicht ist da was dabei.«

»Ja, tatsächlich! Hier die und keine andere!«

»Sag mal spinnst Du? Du weiß schon, warum wir hier sind, oder?«

»Ja, um meine Meinung zu ignorieren und uns zu langweilen.«

»Jetzt übertreib mal nicht. Es ist noch soviel zum Gucken da. Geh mal in den nächsten Gang.«

»Nächster Gang wäre jetzt schön. Ich hab nämlich Hunger. Hörst Du, wie mein Magen knurrt?«

»Du denkst immer nur ans Essen. Konzentrier Dich. Wenn wir hier fertig sind, können wir ja was essen gehen. – Wie findest Du die hier?«

»Super. Kaufen und ab dafür.«

»Das glaub ich Dir jetzt nicht. Du willst nur was zu essen.«

»Nein, die ist echt schön. Los, lass uns gehen.«

»Ich dachte, wir leben in einem demokratischen Haushalt, wo wir beide gemeinsam entscheiden.«

»Ja, genau so ist es. Ich bin völlig Deiner Meinung und völlig mit Deiner Wahl einverstanden. Los jetzt.«

»Nein, ich glaub Dir nicht. Lass uns weitergucken. – Hier ist doch was.«

»Ja, die ist ja noch besser! Auf Deinen guten Geschmack kann man sich wirklich verlassen! Toll! Super! Los, lass uns gehen.«

»Ne, also so hab ich gar keine Lust. Du bist echt unmöglich. Wir gehen jetzt.«

»Sag ich doch.«

»Pizza?«

»Yep. Krieg ich ne große?«

»Ja, klar. Danach gehen wir in den nächsten Laden, vielleicht haben wir da mehr Glück.«

»Super Idee! Es macht mir echt Spaß, was mit Dir zu unternehmen.«

»Danke, das ist nett, dass Du das sagst.«

»Gern.«

ADRENALINSTAU

Ich strecke meine Pfote aus dem offenen Autofenster und kratze mit der Kralle einen weiteren Strich in den Türlack. Es sind mittlerweile sechs. Ich zähle, wie oft Tristan die Satzkombination sagt: »Wie lange dauert das denn noch. Warum geht es nicht weiter.«

Zur Klärung: Wir stehen jetzt schon eineinhalb Stunden hier im Stau. Wir sind auf dem Weg von Düsseldorf nach Hause. Eigentlich praktisch um die Ecke, aber wenn alle auf der Autobahn stehen, kann der Weg noch so kurz sein, da steht man eben mit.

Ich würde gern schlafen, aber Tristans Gebrabbel ist nervenaufreibend. Außerdem ist es warm. Mit der Parkscheibe versuche ich, mir etwas Kühlung zuzuwedeln, aber die ist so klein, das reicht gerade mal für meine Nase.

Auf Spiele wie »bilde Wörter aus den Nummernschildern um Dich rum« oder »Automarken aufsagen und der andere muss mit dem Endbuchstaben eine neue Automarke sagen« haben wir sowas von keine Lust, weil unsere Laune mit jeder Minute Stillstand schlechter wird. Vor uns im Auto sitzen Raucher, deren Qualm stets den Weg in unsere offenen Fenster findet. Es handelt sich hier eindeutig um ein Arschlochauto, das uns vorhin schon bedrängelt, geschnitten und überholt hat – und nun steht er vor uns. Das hat es dann echt gebracht.

Meine Blase meldet sich. »Tristan, ich muss mal.«

»Kannst Du nicht noch etwas warten? Es geht bestimmt gleich weiter.«

»Das glaubst Du doch wohl selber nicht. Na, ein bisschen kann ich noch einhalten. Aber nur ein bisschen.«

»Lenk Dich halt ab. Trink was.«

»Super Idee, Tristan!«

Um mich abzulenken, fällt mir nichts Besseres ein, als den Arschlochautofahrer zu ärgern. Ich greife rüber zu Tris und hupe zweimal. Tris ist total erschrocken. »Hastings, hör auf damit! Spinnst Du? Was soll das bringen?«

»Abwechslung«, sage ich gelangweilt. Vor uns im Auto erscheint nur kurz der Stinkefinger des Fahrers. Ich habe die schnellste Pfote im Westen. Ich hupe also noch zweimal. Jetzt steigt der Fahrer aus. Tristan kurbelt die Scheibe hoch, weil der Typ ein echter Brecher ist. Er öffnet die Tür, denn die ist nicht verriegelt. »Hast Du irgendein Problem, Alter?«

Tristan kurbelt das Fenster wieder runter, obwohl die Tür auf ist. »Nein ... Entschuldigung, das war mein Hund.«

»Klar, hätte ich jetzt auch gesagt«, antwortet er, kommt aber etwas ins Grübeln, als ich ihn angrinse. Dann verschwindet er wieder.

Von Tristan folgt die übliche »Hastings-Du-bringst-mich-immer-in-solche-Situationen-Rede«, die ich schon auswendig kann. Dieses Mal ist er aber besonders wütend, scheint mir. Denn er wird nicht laut, sondern zischt die Worte nur in meine Richtung.

Ich weiß nicht, ob es dann eine Art Zwangshandlung von mir ist; es geht alles so schnell – ich hupe nochmal. Tristan schreit mich so laut an, dass sich seine Stimme über- und die Frontscheibe beschlägt: »HASTINGS!!! BIST DU VON ALLEN GUTEN GEISTERN VERLASSEN??? WARUM TUST DU MIR DAS AN???«, und greift mit beiden Händen an meinen Hals, um mich zu würgen.

Die Fahrertür wird wieder von außen aufgerissen – es ist der Arschlochfahrer, wer hätte das gedacht. Er zerrt Tristan am Kragen vom Sitz und presst ihn gegen das Auto.

»Du! Du legst es drauf an, oder? Ich hab langsam die Schnauze voll! Solltest Du noch einmal diese verdammte Hupe drücken, frisst Du das Lenkrad. Das versprech ich Dir. Und hör auf, Deinen Hund zu quälen, Du Arsch!«

Der Brecher drückt Tris soweit hoch, dass der kaum noch den Boden berührt. Schlucken kann er grad noch so, aber sprechen ist nicht mehr drin. Erst als er wieder runtergelassen wird, stammelt er mit Kastratenstimme eine Reihe von Entschuldigungen. Der Muskelmann grunzt und zieht wieder ab.

Tristan zittert am ganzen Körper und hat weiche Knie. Er schafft es aber wieder zurück auf den Autositz, ohne sich einzunässen. Er sagt nichts, sondern starrt nur still vor sich hin. Bin ich vielleicht doch zu weit gegangen? Ich kriege doch glatt ein schlechtes Gewissen und entschuldige mich kleinlaut. »Das war wirklich nicht meine Absicht ... Ich hätte nicht gedacht, dass das passiert ...« Oder doch? Ich bekomme vor mir selber Angst.

Nach einer Weile angestrengter Stille meldet sich meine Blase wieder. Ich beiße die Zähne zusammen und fange an auf dem Sitz zu wippen. Tris beobachtet das eine Zeit lang, dann hat er endlich Erbarmen: »Hastings, wenn Du jetzt aussteigst, pass bloß auf. Achte auf die Autos, falls sie anfahren. Beeil Dich, trödle nicht, kommt sofort zurück, wenn Du fertig bist mit Pinkeln. Geh nicht zu weit weg, falls es weiter geht.«

Ich nicke heftig und steige aus. Nicht so weit weg. Kein Baum, kein Strauch. Nur Autobahn, Seitenstreifen und ein Stoppelfeld – und: Autos!! Jaaa, Autos! Zuhause pinkle ich auch immer an Autoreifen. Ich laufe also schnüffelnderweise an den diversen Autos entlang, mal hierhin, mal dorthin, ständig misstrauisch beäugt von den Fahrern. Plötzlich steigt in mir so ein Gefühl auf, so ein böses, irgendwie kribbelig, und ich kenne die Lösung.

Der Arschlochfahrer kriegt Schnappatmung, als er mich entdeckt, wird puterrot und rastet aus. Er springt aus dem Auto, will nach mir greifen, aber ich bin schneller. Ich flüchte zurück in unser Auto, auf meinen Sitz, kurble das Fenster hoch und verriegle die Tür.

Die nachfolgende Szene möchte ich nicht näher beschreiben, um Tristan nicht allzu sehr in Verlegenheit zu bringen. Nur soviel: Ihm geht es nach dem Zusammentreffen mit meinem Verfolger nicht wirklich gut. Tris reagiert sich dann wiederum an mir ab. Was raus muss, muss raus.

Der Stau löst sich nach insgesamt zweieinhalb Stunden auf, Tris kann endlich weiter nach Hause fahren.

Es hat etwas länger gedauert, bis *ich* zuhause war. Trampen ohne Daumen funktioniert eben nicht.

WORTKLAUBEREI

»Hastings, hilf mir mal. Der Verlag sagt, ich brauche mehr Wörter. Ich will ein paar Geschichten veröffentlichen, aber mir fehlen die Worte. Hihi. Nein, Spaß beiseite. Ich muss mehr schreiben, damit ich auf eine bestimmte Anzahl von Worten komme. Fällt Dir was ein?«

»Hm, tja. Wie wär es mit: eins, zwei, drei, vier, fünf … Ich kann noch endlos so weitermachen, bis Du Stopp sagst.«

Tristan bleibt todernst. »Haha. Also fällt Dir auch nichts ein. Du könntest Dir wirklich mal mehr Gedanken machen. Du tust rein gar nichts für unser Einkommen.«

Jetzt steigert er sich aber in was rein. Ist er doch selbst schuld, wenn er sich einen Hund anschafft.

»Das finde ich echt fies von Dir. Aber ich werd's Dir schon zeigen.« Ich verschwinde und setze mich an meinen Laptop. Hmmmmm … Was könnte man schreiben … Hmmm …

Eine dreiviertel Stunde später wache ich wieder auf. Auf dem Bildschirm steht. »jöjköaruauöepaon)ÜUÜUÜ)ÄNR akjkdfaür.« Was bedeutet das? Das bedeutet, dass ich einen unruhigen Schlaf hatte.

Aber jetzt wirklich an die Arbeit. Ich lasse mir nicht vorwerfen, ein fauler Hund zu sein.

Also.

Los.

Ideen, kommt zu mir!

Ich warte!

Und da ist eine!

Die Wörter fliegen mir nur so zu. Ich tippe drauf los. Als ich fertig bin, eile ich zu Tristan, um ihm meine Ergüsse mitzuteilen. Ich lese ihm also meine Geschichte vor, die von einem Mann handelt, der eine Zeitmaschine baut und kurze Abstecher in die Historie unternimmt. »... Der Zeitreisende blickte auf. Das erste, was ihm einfiel, als er Jesus am Kreuz sah: ›Wow, coole Piercings, Alta!‹, dann ...«

»Stopp, stopp, stopp! Das kannst Du nicht schreiben. Da kriegst Du jede Menge Ärger. Mit der Kirche, mit der Politik und überhaupt allen.«

Ich schaue vom Bildschirm auf und frage mich, warum Tris sich Journalist nennt. »Du bist echt'n Schisser. Durch Skandale verkaufen sich die Geschichten doch erst richtig. Ich ackere mich ab und dann das. Perlen vor die Säue.« Ich muss mich bremsen, aber ich bin schon sauer, dass er mich wegen so einer Bagatelle unterbrochen hat.

»Hastings – ich möchte einfach nur nette Geschichten schreiben und keinen Ärger mit irgendwelchen Sekten haben.« Tristan verschränkt zur Bestätigung die Arme. »Aber lies erstmal weiter vor.«

»Kann ich nicht.«

»Warum das denn nicht? Bist Du jetzt beleidigt?«

»Ne, vielleicht ein bisschen ... Aber wenn Du Dich jetzt schon aufregst, glaube ich kaum, dass Dir die weitere Geschichte gefallen wird ...«

»Wie ... Kommt da noch mehr so Zeug?«

Ich druckse ein bisschen herum. »Ja ... äh ... ein Papst-Arschtritt, Beschmieren der frisch unterzeichneten Unabhängigkeitserklärung der USA, überreife Tomatenwürfe auf Heinrich den Achten –

verdientermaßen, Fotografieren der englischen Königin, als sie noch jünger war – nackt, versteht sich, und last but not least ein Plausch mit Adolf Hitler bei einer Tasse Tee.«

Tris zuckt bei den letzten Worten zusammen. Dann öffnet er den Mund, als wenn er was sagen will, macht ihn aber gleich wieder zu. Überlegt etwas, öffnet den Mund wieder und sagt diesmal tatsächlich was. »Also alle trittst Du in den Hintern, aber mit … Hitler … trinkst Du einen Tee?? Das ist suspekt.«

»Na, ich dachte, das wäre ganz lustig. So ein nettes, psychoanalytisches Tischgespräch. Er soll doch mal erzählen, wie er auf so komische Ideen gekommen ist …«

»Nettes Gespräch? Komische Ideen? Hastings, das ist alles andere, nur nicht nett und komisch.«

»Moment, Moment! Es stellt sich nämlich heraus, dass Hitler ein totaler Vollpfosten gewesen ist und der eigentliche Kopf hinter der ganzen Diktatoren-Geschichte sein Schäferhund war.« Ich knuffe Tristan augenzwinkernd in die Seite. »Schäferhunde sind nämlich von Grund auf böse, wie jeder weiß.«

»Dann haben wir auch noch die Schäferhund-freunde am Hals. Du solltest besser nachdenken, bevor zu schreibst.«

Kopfschüttelnd fährt er fort: »Nein, Hastings. Danke, aber danke nein. Ich finde es sehr löblich, dass Du Dir solche Mühe gegeben hast. Aber vielleicht könntest Du mal nicht so ganz Du sein und was Netteres, Leichteres schreiben.«

»… *nicht so ganz Du sein* …?«, frage ich sichtlich erschüttert mit aufsteigender Wut. »Da fehlen mir echt die Worte!«

»Siehste.«

STERBEN IST DAS LETZTE

Eine traurige Nachricht. Onkel Heinz ist gestorben. Das ist der Onkel von Tris, nicht von mir. Er war ein Netter. Bei Familientreffen hat er mir immer das Essen, das er nicht mochte, unter den Tisch geschmuggelt. Ich mag alles.

Tris ist jetzt dabei, seinen schwarzen Anzug für die Beerdigung rauszusuchen. Als er ihn anprobiert, versuche ich, beim Anblick dieser Presswurst ernst zu bleiben. »Tris, ist das Dein Konfirmationsanzug?« Ich kann nicht mehr an mich halten und pruste los.

»Haha. Er ist nur ein klein wenig knapp am Bauch. Die Beerdigung ist in einer Woche. Dann passt er.«

»Klar. Sonst klappt das Abnehmen ja auch so wunderbar, gell?« Und ich lache weiter, bis mir die Tränen ausgehen.

Tristan holt mich wieder in den Ernst des Lebens zurück: »Was mach ich eigentlich mit Dir, wenn ich zur Beerdigung fahre? Ich werde sicher von morgens bis abends weg sein ...«

»Wie ›was mache ich mit Dir‹? Ich hab zwar keinen schwarzen Anzug, aber ich will auf jeden Fall mit!«

»Hastings, das geht wirklich nicht. Gottesdienst, Beerdigung, Kaffeeklatsch ... Da kann kein Hund mit.«

»Aber ich bin auch traurig. Ich kannte Onkel Heinz auch. Er war nett! Er war nett zu MIR. Er hätte sicher gewollt, dass ich zu seiner Beerdigung komme und an die Kränze von Tante Milli und Onkel Knecht Ruprecht pinkle.«

»Rupert, Rupert heißt er. Und gepinkelt wird schon mal gar nicht ... Ich kann ja mal fragen, ob Du dann nach der Kirche wenigstens mit zum Kaffeetrinken kommen kannst.«

»Auf jeden Fall. Kaffeeklatsch ist ja das wichtigste überhaupt bei einer Beerdigung. Da kommen die ganzen komischen Geschichten von früher ans Licht.«

Die traurige Tante Sonja hat nichts dagegen. Heinz war ja immer so begeistert von mir. Wenn ich denn ruhig bin und nicht belle. Das dürfte kein Problem sein. Ich bin eher ein Wenig-Beller. Nur wenn es nötig ist. Also bei Schäferhunden.

Tris hat sich zur Sicherheit einen Anzug von seinem Kumpel geliehen, weil es mit der Abnehmerei – völlig überraschend – nicht geklappt hat. Jetzt ist der Anzug ein klein wenig zu groß, aber dann kann Tris wenigsten beim Kuchen ordentlich zulangen.

Vor der Kirche stehen sie alle. Alle, die Heinz nicht leiden konnte. Naja, Heinz konnte eigentlich niemanden richtig leiden, außer mich, versteht sich. Daher auch die gelegentlichen Sonderfütterungen unterm Tisch. Und wir saßen oft zusammen draußen, weil er seine fetten Zigarren nicht drinnen rauchen durfte und ich sowieso mal raus musste. Das waren Zeiten. Er lästerte dann immer los über die ganze Mischpoche. Das war lustig. Noch lustiger war es, wenn er den Leuten seine Meinung direkt unverblümt ins Gesicht gesagt hatte, was seine Beliebtheit nicht gerade steigerte.

Komischerweise höre ich jetzt nur so Gesprächsfetzen wie »viel zu früh«, »war so ein lieber

Mensch«, »herzensgut«. Ich zupfe an Tristans Hosenbein und flüstere: »Hey, ist noch jemand gestorben? Sind wir hier falsch?«

Tris macht nur »Pscht!« und dann geht die Veranstaltung auch schon los. Die Türen der Kirche öffnen sich und alle gehen gebeugten Hauptes hinein. Ich nicht. Tris droht mir schon mit dem Zeigefinger.

Ich warte also draußen vor der Kirche. Als alle drin sind, denke ich so bei mir, es könnte ja nicht schaden, mal reinzulinsen. Ich öffne also die schwere Tür – selbstverständlich knarzt sie – und stecke meinen Kopf durch den Spalt. Niemand dreht sich um, alle starren nach vorn. Meine Chance. Ich zwänge mich blitzschnell hinein und setze mich auf die hinterste Bank. Vor mir sind einige Reihen leer, denn so viele Leute kannte Onkel Heinz anscheinend nicht. Ganz vorne steht der Sarg mit Onkel Heinz drin. Mir wird ganz flau. Da liegt ein Toter im selben Raum … Ich kriege eine Gänsehaut.

Der Anführer der Gemeinde erzählt andächtig aus dem Leben von Onkel Heinz. Er muss ihn gut gekannt haben. Das Publikum weint einstimmig. Beim Anblick dieser vielen Tränen muss ich auch weinen. Als der Mensch vorne fertig ist, fangen die Kirchenglocken an zu läuten. Au weia. Das habe ich nicht bedacht. Kirchenglocken. Bei deren Klang überkommt mich unweigerlich der Drang, zu jaulen. Ich spüre, wie es aufsteigt, aus meinem tiefsten Innern, aus meinem Bauch, den Hals entlang und zu meinen Lippen. Ich presse mir vorsichtshalber beide Pfoten auf den Mund. Aber es lässt sich nicht aufhalten. Ich habe es befürchtet. Meine Pfoten können es nicht mehr halten, meine Lippen noch viel weniger und ich jaule aus vollem Herzen im Einklang mit dem Geläut.

Alle drehen sich um, müssen aber erst ihre Tränen aus den Augen wischen, um zu sehen, wer da solchen Lärm macht. Sie erkennen aber nur noch eine Staubwolke, denn ich hab gerade einen klaren Moment während meiner Trance und flüchte wie der Blitz aus der Kirche, um draußen meinem inneren Wolf nachgeben zu können.

Tris, der ja manchmal nicht der Hellste ist, bekommt wohl eine Eingebung und merkt, dass ich Schuld an dem komischen Glockenunterton bin. Als ich gerade um die Kirche rumlaufe, um mich in einem Gebüsch friedhofsseitig zu verstecken, kommt er aus einer Seitentür des Kirchenschiffs geflutscht und fängt mich ab. Er packt mich am Nacken, wobei das »Uuuuuuuuuuuuuuuu«, das ich von mir gebe, in einem »Uuuuuuuuöööörgs« endet. Tristan versucht gleichzeitig zu schreien und zu flüstern. »Ich wusste es!! Du machst IMMER Ärger! Wie konnte ich mich nur von Dir überreden lassen! Du gehst SOFORT ins Auto und bleibst da, bis ich Dich wieder rauslasse. Und keinen weiteren Ton!«

Ich kann nicht richtig sprechen, weil Tris mich immer noch würgt, versuche aber, ihn zu warnen: »Du weißt, was passiert – örgs –, wenn ich im – hust, hust – Auto warten muss?«

Tris hört auf, mich zu würgen, hat aber seinen Hosengürtel sicherheitshalber fest um meine Schnauze gebunden und denkt über das nach, was ich gesagt habe. »Ja … Das würde auch nach hinten losgehen. Mist. Dann geh solange in das kleine Gebäude dort und warte, bis ich Dich hole.«

Ich deute auf den Gürtel um meine Schnauze. Tris hat kein Erbarmen. »Der bleibt da, bis die Sache hier zu Ende ist.«

Er geht Richtung Haupttür der Kirche, aus der schon die Sargträger mit Gefolge herauskommen. Auf dem Weg dorthin muss Tris des Öfteren seine Hose wieder hochziehen, weil ja sein Gürtel bei mir als Maulkorb fungiert.

Ich stapfe also zum Nebengebäude und öffne die Tür. Mir strömt kalte Luft entgegen. Es riecht muffig, und es ist ziemlich dunkel. Vorne sind ein paar Kerzen angezündet, aber das reicht nicht wirklich aus, um irgendwas zu erkennen. Ich stelle mich auf die Hinterpfoten und taste mit den Vorderpfoten durch die Luft. Ah, da ist eine Bank oder sowas. Und ein Kissen, nicht ganz so weich, aber das nutze ich natürlich sofort, um ein Nickerchen zu machen.

Nach gefühlten vier Sekunden Schlaf werde ich wachgerüttelt. Es ist Tristan, der mich ziemlich entsetzt anschaut. Ich rubble mir den kurzen Schlaf aus den Augen und wundere mich, was los ist. Derweil merke ich, dass es wohl doch einen Lichtschalter im Gebäude gibt, denn über mir erstrahlt eine Neonröhre. Tris sagt gar nichts, hält sich nur die Hand vor den Mund. Meine Verwunderung über seinen Gesichtsausdruck wird nicht weniger – bis ich versuche, aufzustehen.

Leute, den Schock kann keiner – keiner! – von Euch nachvollziehen, als ich merke, was das für ein Kissen ist. Ich liege auf einem toten Typen, der wiederum in einem Sarg liegt. Ich weiß, das dachtet Ihr Euch schon. Dann hättet Ihr mich ja verdammt nochmal warnen können!

Wie ein Roboter, steif vor Schreck, lass ich mich im Zeitlupentempo von dem Menschenüberbleibsel herunter. Als ich unten bin, spurte ich los, kann nur mit dem Vorderpfoten fuchteln, aber nicht schreien – was ich gern tun würde –, denn der Gürtel verschließt immer noch mein Druckventil. Tristan hat sich auch von seinem Schock erholt und rennt mir hinterher Richtung Friedhof. Dort macht sich die Verwandtschaft gerade Abmarsch bereit, um im Gemeindehaus Kaffee zu trinken.

Ich flitze durch die gesamte Mannschaft ans vordere Ende und halte dann inne, um die andächtige Stimmung nicht zu ruinieren. Jetzt hab ich mich auch wieder voll im Griff. Tante Sonja, die Gute, lächelt mich an und entfernt meinen Maulkorb. Leider hab ich mich wohl doch nicht so richtig unter Kontrolle: Mir entfährt der enorme Schrei, der schon vorhin raus wollte, so dass die Haare von Tante Sonja nach hinten wehen und ihre Brille beschlägt. Sie fällt vor Schreck nach hinten, ich fange sie gentlemanlike auf, lasse sie sanft zu Boden gleiten und lecke ihr das Gesicht, damit es ihr wieder besser geht. Sie tätschelt mir dankbar die Schnauze.

Aber gut, dass sie schon unten ist, denn das, was wir jetzt beobachten dürfen, hätte sie sowieso umgehauen: Tristan ist immer noch hinter mir her, sprintet ebenfalls durch die trauernde Gruppe – und verliert seine Hose, die jetzt den Blick auf seine Superman-Boxershorts freigibt, stolpert und fällt auf Tante Sonja. Das dachtet Ihr Euch auch schon, richtig? Warum habt Ihr den armen Tristan nicht gewarnt? Gut so. Solche Erlebnisse kann man später sicherlich als Druckmittel verwenden.

Alle Anwesenden atmen vor Entsetzen tief ein, dann ist es still, wie es eben auf einem Friedhof so ist. Tante Sonja und Tris schauen sich in die Augen — immer noch Totenstille, wie das eben auf einem Friedhof so ist. Ich halte mir die Schnute zu, weil ich nicht weiß, was sonst noch passiert. Ebenso wie alle anderen bin auch ich in Erwartung erstarrt.

Plötzlich fängt Tante Sonja an, aus vollem Hals zu lachen. Alle schauen sich verwundert an, ich schau auch etwas blöd aus der Wäsche, genau wie Tris. Tante Sonja laufen schon die Tränen übers Gesicht, als Tris auch anfängt zu lachen, ich ebenfalls und die ganze Truppe stimmt mit ein. Das hättet Ihr NICHT gedacht, oder?

Eine schöne Geschichte. Doch nicht für uns, denn wir werden jetzt zu jeder erdenklichen Familienfeier eingeladen. Wenn es keinen Grund für eine Feier gibt, wird einer erfunden. Alle erwarten, dass uns was Dämliches passiert. Und leider ist das auch meist der Fall.

ABENDS BEI GEWITTER

»Schiller.«

»Mist. Hier, bitte.«

Wir spielen gerade literarisches Quartett, bei dem ich dauernd verliere. Bei der Vorgabe »frühestes Geburtsdatum« hatte ich Eichendorff (1788) genannt, Tris hat mich mit Schiller (1759) übertrumpft und mir wieder mal eine Karte abgenommen.

Aber ein As habe ich mir noch aufgehoben. »Amerikanisch. Anzahl Veröffentlichungen«, fordere ich, weil ich gerade James Patterson auf der Hand habe. Und tatsächlich: Tris scheitert mit Clive Cussler! Tataaaaa!

Plötzlich klingelt es an der Tür. Wo sonst. Tris rappelt sich auf, geht hin und öffnet. Dann höre ich nur ein schrilles Kreischen von ihm. Ich als aufmerksamer Hund flüchte natürlich sofort unter das Sofa. Tris kommt zusammen mit einem sehr schwarz gekleideten Herrn, der eine Sense in der Hand hält, zurück. Tris ist völlig bleich und fassungslos. Er lässt sich auf das Sofa sinken, sagt gar nichts mehr. Unser Gast ist ebenfalls bleich, aber nicht fassungslos. Er setzt sich in den Sessel und sagt auch nichts.

So langsam wird es mir unterm Sofa zu staubig, also quäle ich mich da wieder hervor, um unseren Gast zu begrüßen. »Hallo, Tod. Wie geht's denn so? Viel zu tun?«

Tod sagt immer noch nichts, aber Tris schaut mich mit sehr glasigen Augen an. »Hastings, wie kannst Du nur so ruhig bleiben? Der Tod … Das ist endgültig. So völlig.«

Tristan steht total neben sich, das heißt, ich muss die Sache in die Hand nehmen. »Tee?«, frage ich. Man ist ja höflich.

»Gern, mit Ingwer bitte«, antwortet er in einer so tiefen Stimme, dass es mir auf den Magen schlägt. Aber sehr sympathische Teevorlieben hat er. Ich eile in die Küche, bereite den Tee mit Ingwer und setze mich zu dem schon vor Angst fast verstorbenen Tristan und dem Tod himself.

Ich schenke den Tee ein. »Also, Herr … ähm … Tod. Was können wir für Sie tun? Wir sind kerngesund, munter und ganz sicher noch nicht an der Reihe.«

Tristan nickt nur, schaut den Tod in Erwartung einer Antwort an.

»Nun«, brummt der Sensenmann, »es muss ja keine Krankheit sein.«

Er nimmt einen Schluck Tee. »Oh, der ist gut!«

»Vielen Dank! Vielen Dank! Keks?«

Ich halte ihm die Schüssel mit den Haferkeksen hin. Er nimmt gleich drei Stück. Tris will weder Tee noch Kekse. Er ist sehr nervös und fummelt schon die ganze Zeit mit seinen Fingern herum. Dann platzt es aus ihm heraus. »Wie könnt ihr hier so sitzen und Tee trinken?? Was ist hier los? Ein Kafka-Traum? Das ist doch krank!«

Kaum hat er das ausgesprochen, hält er sich den Mund mit beiden Händen zu, fährt aber dann doch fort: »Äh, nicht krank, wir sind gesund, sehr gesund, nur Bio und wenig Fleisch. Ich habe noch nicht einmal Karies.« Er bleckt dem Tod die Zähne entgegen. »Schehn Schie?«

Dann lässt er sich wieder zurück fallen, still vor sich hin weinend. Langsam tut er mir leid.

»Tristan, regt Dich nicht auf. Es wird alles gut. Es tut bestimmt nicht weh und der Tod scheint doch recht nett zu sein. Vielleicht wirst Du einen Autounfall haben, kurz und schmerzlos. Oder Du fasst versehentlich in eine Steckdose, auch kurz und schmerzlos. – Wo ist eigentlich Dein Testament?«

Leider bewirkt mein Versuch, ihn zu beruhigen, das Gegenteil. Tris verzieht schmerzverzerrt das Gesicht, fängt an zu heulen wie ein Schlosshund.

Der Tod gießt sich eine zweite Tasse Tee ein und zieht die Schüssel mit den Keksen zu sich herüber. Mit vollem Mund klärt er Tristan auf. »Eff geht um eim Hund.«

Tris hört sofort auf zu weinen, schaut mich an, blinzelt und heult dann weiter. »Nein, nicht mein Hastings! Mein Guter! Mein Freund!«

Die ganze Geschichte kriecht langsam in meine Ohren, durch meinen Gehörgang, ins Kleinhirn, über ein sandiges Getriebe hin zu einem Schalter, der mir endlich das Licht aufgehen lässt. Ich springe zum Tod rüber, packe ihn am Kragen und schüttle ihn. »Nein! Nicht ich! Nicht ich! Ich bin kerngesund! Total! Viel Gemüse! Kein Stress! Immer gegen Tollwut geimpft! Noch nicht einmal Karies!«, blecke ich ihm meine perlweißen Zahnreihen entgegen. »Schehn Schie?«

Der Tod hüstelt etwas von meinem Mundgeruch. »Vielleicht hast Du ja beim Spaziergang was Giftiges gefressen.«

Ich schüttle den Tod weiter, sehe aber zu Tris, schreie den regelrecht an: »Tris! Hab ich heute Morgen was gefressen? Von der Wiese? Vom Feld? Sag doch was!!!«

Tris zuckt mit den Schultern. »Hastings, Du frisst immer irgendwas. Aber Du fühlst Dich doch gut, oder?«

Gute Frage, nächste Frage. Ich lasse vom Tod ab und betatsche meinen Körper, ob es irgendwo wehtut. Ich werde panisch. »Ja, irgendwie geht's mir gar nicht gut. Es tut hier weh und da auch. Mir ist übel, schwindelig, Sausen in den Ohren …«

»Oh, das ist ein schlechtes Zeichen«, sagt der Tod nickend, »Sausen in den Ohren und schwindende Sehstärke.«

Ich merke, wie mir schwarz vor Augen wird. Mein Herz klopft bis zum Hals. »Tris, Tris, wo bist Du?« Ich kneife die Augen zu und taste mich vor zu Tris.

Er lotst mich mit weinerlicher Stimme. »Hier, mein lieber Freund, hier bin ich. Ich werde Dich in meinen Armen halten, bis Du über die Regenbogenbrücke gegangen bist.«

Wir beide schluchzen im Einklang und verharren in einer scheinbar ewig andauernden Umarmung, derweil höre ich, wie sich der Tod die letzten Kekse einwirft. »So«, sagt er und steht auf, »komm mit, Hund. Ich muss noch zwei Häuser weiter, da ist eine Omi abzuholen. Adenauergasse 14«, liest er von einem Zettel ab und steckt diesen wieder in seine Kutte.

Tris und ich sind abrupt still und schauen den Tod mit verweinten Augen an. »Adenauergasse?«, fragt Tristan, »AdenauerGASSE??? Hier ist der AdenauerWEG 10.«

Der Tod kramt nochmal den google-maps-Ausdruck hervor, sagt »Ups!« und lächelt verlegen. »Verdammt. Tut mir leid. Dann bin ich hier total falsch. Aber danke für den Tee und die Kekse! Tschüss.«

Arschloch. Keinen Krümel übrig gelassen.

BAHN FREI

Ich sitze zeitunglesenderweise auf einem Fensterplatz im ICE nach Regensburg mit einer standardmäßig ausgefallenen Klimaanlage, als mich ein uniformierter Minijobber blöd von der Seite anquatscht. »Ab! Runter! Sofort runter vom Sitz! Aus! Runter!«

Da er das in einem sehr strengen Befehlston sagt und ich ein gut erzogener Hund bin, stehe ich auf. »Und nu? Ist Ihnen Kleingeld in die Ritze gefallen oder sitze ich auf einem falschen Platz?« Ich zucke mit den Schultern, um meine Ratlosigkeit zu unterstreichen.

Herr Schaffner blinzelt etwas irritiert, redet aber im gleichen motzigen Ton weiter: »Hunde dürfen nicht auf den Sitzen sitzen. Nur auf dem Boden oder in einem Transportbehälter.«

Ich blinzle irritiert zurück. »Aber ich hab eine Platzkarte. Die hat mich drei fünfzig gekostet! Also benutze ich auch meinen für mich reservierten Platz.«

Demonstrativ setze ich mich wieder hin. Schaffner sieht das anders. »Hunde können gar keinen Platz reservieren. Völlig unmöglich. Zu einer Fahrkarte für einen Hund bekommt man keine Platzkarte.«

»Richtig. Ich habe ja auch keine Fahrkarte für einen Hund ...«

»Aha! Keine Fahrkarte! Also Schwarzfahrer. Das kostet. Wo ist Dein Herrchen?«, unterbricht mich der Blaumann.

Ich stehe wieder auf, stelle mich auf meine Hinterpfoten und lege meine Vorderpfoten auf seine Schultern. Er wirkt nun etwas nervös, die Schweißflecke unter seinen Achseln vergrößern sich zu einem schönen Rorschachtest. »Mein lieber Herr Kontrolleur, ich habe natürlich eine Fahrkarte. Eine ganz normale Fahrkarte für eine ganz normale Person.«

Aus meinem Brustbeutel fummle ich die Fahrkarte samt Platzreservierung und halte ihm diese Dokumente unter die Nase. Schaffner wird ziemlich rot im Gesicht, und ich fürchte um seine Gesundheit.

Nach Begutachtung der Papiere schüttelt er den Kopf. »Nein, nein. Das ist eine Fahrkarte für eine Person, nicht für einen Hund.«

Langsam empöre ich mich. »Sag ich doch. Ich bin eine Person. Ich bin zwar ein Hund, aber auch eine Person. Diese Diskriminierungen sind einfach diskriminierend. Außerdem hat meine Fahrkarte mehr gekostet als die für einen Hund, die ja eigentlich für ein Kind ist. Man behandelt Hunde nicht wie dumme, kleine Kinder.«

Von vorn aus dem Wagon höre ich ein zustimmendes Kläffen, das sich anhört, als käme es aus einer Transportbox.

Der Möchtegernbeamte atmet tief durch, was aber nichts an seiner Gesichtsfarbe ändert. »Ich möchte diese Sache jetzt aus der Welt schaffen. Wo ist Dein Herrchen? Mit einem Hund kann ich nicht diskutieren.«

»Und wieder: Diskriminierung! Warum können Sie mit einem Hund nicht diskutieren? Außerdem bin ich emanzipiert – ich reise allein.« Mit diesen Worten setze ich mich wieder hin und drehe meinen Kopf beleidigt zum Fenster. Wir fahren gerade durch einen Tunnel, da kommt das natürlich nicht so prall. Aber egal.

Dass ein tiefes Rot noch roter werden könnte, hätte ich nicht gedacht. Aber Schaffner liefert gerade den Beweis. »Runter! Runter vom Sitz! Ich bin hier weisungsbefugt! Und jede hier mitfahrende Person hat den Weisungen des Dienstpersonals zu folgen!«

»Ach? Aber ich bin ein Hund, keine Person, das haben Sie selbst gesagt. Also muss ich gar nichts.« Ich presse meinen Hintern noch tiefer in den Sitz, verschränke die Vorderbeine und erwarte, dass Schaffner jeden Moment seine Trillerpfeife zieht und den ganzen Zug alarmiert.

Aus dem Augenwinkel sehe ich, wie seine Gesichtsmuskeln zucken, sein Mund geht auf und zu, aber es kommt kein Ton raus. Er lässt sich auf den Sitz neben mir sinken und tupft sich mit einem Stofftaschentuch (sowas gibt es tatsächlich noch!) den Schweiß von der Stirn. Dann lehnt er sich zu mir herüber und flüstert mir zu: »Hund, bitte. Die ganzen Leute gucken schon. Tu mir den Gefallen und hör auf mich. Kriegst auch nachher was von meiner Käsestulle ab. Versprochen!«

Ich wende mich ihm zu, schließe beim Sprechen die Augen, das wirkt so schön von oben herab: »Nö. Wie wäre es denn, wenn Sie mich hier sitzen und in Ruhe lassen und ich gebe Ihnen einen Pferdeapfel. Fast frisch. Versprochen!«

Der Unbestechliche springt auf und wedelt mit den Armen. »Das ist ... Das ist ... unfassbar! Geh! Sofort! Runter! Vom! Sitz!«

Er kriegt Schnappatmung, greift sich an seine Brust und klappt zusammen. Als er auf dem Boden liegt, verstecken sich die anderen Fahrgäste hinter ihren teilweise nicht vorhandenen Zeitungen. Hach je, dann muss ich jetzt wohl Erste Hilfe leisten. Würg.

Ich krieche zu ihm runter, tätschle seine Hand, sage: »Na, na!« und lecke ihm das Gesicht ab, um seine Durchblutung wieder in Gang zu bringen, denn das lebendige Rot ist gänzlich verschwunden. Meine Wiederbelebung ist erfolgreich, Schaffner setzt sich mit meiner Hilfe wieder auf den Sitz und ich mich daneben.

Er erholt sich recht schnell, rappelt sich in Zeitlupentempo vom Sitz auf, um anscheinend die gleiche Diskussion von vorn anzufangen. Er steht mit erhobenem Zeigefinder und offenem Mund da, als er jäh von einer mir bekannten Stimme abgewürgt wird: «Hastings! Was ist hier los?«

Mist. Tristan ist zurück aus dem Speisewagen, im Schlepptau noch einen von den Weisungsbefugten. Tristan hat ein paar Schweißperlen auf der Stirn. »Hastings, ich glaube, Du hast meine Fahrkarte und ich habe Deine. Wie kann das sein? Ich bin sicher, dass ich vorhin noch meine in der Brieftasche hatte. Ich bin fast in Schwierigkeiten gekommen, als der Herr mich kontrolliert hat. Mit der Hundefahrkarte durfte ich im Speisewagen nur im Stehen essen! – Und geh runter vom Sitz! Ich hab Dir doch gesagt, Du sollst unten bleiben. Platz jetzt!«

Ich lege mich – wie ein gut erzogener Hund das eben tut – sofort auf den Boden. Tris zeigt unsere beiden Fahrkarten den beiden Blaumännern, wobei meinem persönlichen Fahrkartenkontrolleur ein langgezogenes, resigniertes Seufzen entfährt. Die beiden schleichen von dannen, den einen höre ich noch leise schluchzen.

Naja, war wenigstens eine kleine Abwechslung. Die Fahrt ist noch lang und gleich ist Schichtwechsel. Und Tristan muss sicher bald aufs Klo.

HASTINGS ALLEIN ZUHAUS

Ich höre, wie Tris telefoniert: »Ja … wann??
Morgen? Das geht nicht … Schon reserviert? …
Aber morgen kommen Handwerker zu mir … Ja,
dann muss ich ja wohl. Tschüss.«

Er hat noch den Hörer in der Hand, sieht mich
eine Weile an, schüttelt dann den Kopf und wählt
eine Nummer. »Hi, Sabine.«

Tuschel, tuschel, ich kann nicht hören, was die
beiden Turteltauben da schmachten, dann wieder
normale Lautstärke: »Ja, weswegen ich anrufe. Ich
muss morgen dringend nach Berlin fliegen … Ne,
nur einen Tag. Da ist ne Pressekonferenz, an der ich
unbedingt teilnehmen muss. … Wusste ich ja vorher
auch nicht. … Weswegen ich anrufe: Morgen
kommen doch die Handwerker und stellen meinen
neuen Geräteschuppen im Garten auf. … Nein, ich
kann den nicht selbst aufbauen. Wann soll ich das
denn noch machen? … Ja, ja. Könntest Du morgen
herkommen und das alles überwachen? … Arbeiten?
Kannst Du Dir keinen Urlaub nehmen? … Termin?
Der kann doch nicht so wichtig sein … Ja, ist ja gut.
Ich werde schon jemanden finden. Ich meld mich.
(küss küss)«

Er wählt wieder eine Nummer, aber am anderen
Ende nimmt wohl niemand ab. Dann geht er in den
Garten. Ich beobachte, wie er sich mit Michi von
nebenan unterhält. Der schüttelt den Kopf und Tris
kommt wieder rein. »Mist, Doppelmist, Megamist!
Micha hat morgens auch keine Zeit. Ich kann die

Handwerker doch nicht abbestellen, der Termin steht seit Wochen fest.«

Er lässt sich in den Sessel fallen und sieht mich mit einem prüfenden Blick an – ziemlich lange. Dabei kaut er auch noch auf seinen Lippen. Mir reicht's langsam, also unterbreche ich diese Spannung. »Was ist los? Warum sprichst Du nicht mit mir? Kann ich was für Dich tun?«

Tris atmet tief ein. »Also gut. Es wird nicht anders gehen. – Hastings, ich muss morgen dringend weg. Aber wie Du weißt, kommen morgen die Handwerker. Jemand muss hier sein, um sie reinzulassen und zu beaufsichtigen. Leider bleibst nur Du übrig, um das zu tun.«

»Was heißt denn hier ›leider‹? Ich bin sehr wohl in der Lage, so eine anspruchslose Aufgabe zu übernehmen. Was denkst Du von mir?« Ich schmolle.

»Hastings, ›leider‹, weil ich Dich kenne. Du bist mit sowas überfordert. Ich erinnere mich nur zu ungern daran, als Du die Eier vom Lieferanten entgegennehmen solltest. Du hast ihn eingesperrt, um erst mal zu prüfen, ob die Eier frisch sind und hast alle aufgeschlagen. Mit dem Ergebnis, dass sie tatsächlich frisch waren.«

»War das so falsch?« Ich bin mir keines Fehlers bewusst. Aber Tris sieht das anders.

»Der Eierlieferant hat Gott sei Dank von einer Anzeige abgesehen, kommt aber niemals wieder, und wir mussten drei Tage Rührei essen.«

Ja und? Was ist so schlecht an Rührei? »Aber Tris, ich bin jetzt erwachsen. Ich habe dazugelernt. Du kannst Dich auf mich verlassen.«

Tris seufzt, aber was bleibt ihm anderes übrig.

Am nächsten Morgen steht Tris schon um drei Uhr auf, weil sein Flug um fünf Uhr irgendwas losgeht. Gefühllos wie er ist, weckt er mich auch auf. »Hastings, ich hab Dir den Wecker auf 6.30 Uhr gestellt. Um 7.00 Uhr kommen die Handwerker. Tschüss, bis heute Abend.« Er gibt mir noch einen Schmatz auf die Stirn und ist verschwunden.

Um 7.23 Uhr weckt mich die Türklingel, der Wecker liegt komischerweise in meinem Wassernapf. Ich haste runter. Durch den Spion sehe ich drei fremde Männer vorm Haus stehen. Panik steigt in mir auf. Ich greife zum Handy. Tris geht sofort ran. »Hastings, was ist los? Warum rufst Du an? Ich bin gerade gelandet.«

Ich versuche, meine Panik etwas zu bremsen, um besser sprechen zu können: »Da sind drei fremde Männer vor der Tür und wollen rein! Sie sind zu dritt! Sie haben geklingelt!«

Tristan kann mich beruhigen: »Hastings. Das sind die Handwerker, die den Schuppen aufstellen wollen. Du kannst also aufmachen.« Er legt auf, ohne sich zu verabschieden.

Ich erinnere mich. Heute sollten ja die Handwerker kommen, um den Schuppen aufzustellen. Der zum Klingeln Beauftragte nimmt seinen Daumen jetzt gar nicht mehr vom Knopf. Ich öffne, lasse aber die Kette noch eingehakt: »Ja, bitte?«

»Moin! Gartenbau Schmitz. Wir kommen wegen dem Gerätehaus.«

Was? Eine Unklarheit, die ich unbedingt klären muss. »Moment, bitte! Ich muss kurz telefonieren.«

In Sekundenschnelle ist Tris am Hörer: »Was?«, sagt er nur, klingt etwas ungehalten.

»Hallo Tris, wie geht's denn so? Wie ist das Wetter in Berlin?« Da er nicht antwortet, fahre ich schnell fort: »Ähm, die Handwerker – Du sagtest ›Geräteschuppen‹, die sagen ›Gerätehaus‹. Nicht, dass ich was Falsches annehme …«

Mein Telefonpartner atmet schwer. »Hastings, das ist das gleiche. Ruf mich nicht mehr an. Ich bin gleich in einer Konferenz.« Wieder kein Wort des Abschieds.

Ich öffne die Haustür ganz und bin bereit, die Eindringlinge reinzulassen. Doch die haben gleich noch eine Frage. »Sollen wir's durchs Haus tragen oder hinten rum fahren? Wär wohl einfacher.«

Mit einem kurzen »Oh …« schließe ich die Tür wieder. Weil ich Tris nicht anrufen darf, schicke ich eine SMS. Das ist schwierig ohne Daumen und dauert etwas länger. Die Antwort kommt aber prompt. »HINTEN« in großen Großbuchstaben.

Das teile ich den Lieferanten mit. Die setzen sich in ihren Lkw und fahren los. Ich flitze durchs Haus zur Terrassentür und warte. Als nach 10 Sekunden immer noch keiner da ist, kriege ich Angst. Hab ich sie verjagt? Ich rufe am besten Tris an. Das ist nun wirklich eine Notlage. Er geht ran, sagt aber nichts. Ich kläre ihn über die Dringlichkeit meines Anrufes auf: »Die Handwerker sind weg! Sie sind einfach wieder weggefahren!«

Tris scheint die Wichtigkeit dieser Mitteilung zu begreifen: »Weg? Wie weg? Ich versteh …«

»Oh, ähm … Doch nicht. Tschüüüss!«

Der Lkw hält hinten vorm Gartentor. Die Herren steigen aus und fangen an, das Material abzuladen. Es sind lauter Bretter, sieht gar nicht aus wie ein Haus. Ob das korrekt ist? Ich schaue das Handy in meiner Pfote an und überlege, ob ich es nicht benutzen soll, um jemanden zu fragen. Ich verkneife es mir. Die Handwerker sehen so aus, als wüssten sie, was zu tun ist. Hoffentlich täuscht mich dieser Eindruck nicht.

Als alles ausgeladen ist, kommt einer der drei zu mir und hält mir einen Plan hin. Er zeigt in eine Ecke des Gartens: »Da soll das Ding also hin, richtig? Ich will nur sichergehen.«

Ich sehe mir den Plan an. Ich sehe ihn an und sehe ihn an und sehe ihn an. Ich bin paralysiert. Entscheidungen, Entscheidungen. Was, wenn er nicht stimmt? Es ist ja nun schon ein paar Wochen her, dass Tristan den Auftrag gegeben hat. Seitdem ist viel passiert.

Bei einer so wichtigen, grundlegenden Frage hat Tris sicher nichts dagegen, dass ich ihn anrufe. Ich drücke die entsprechende Kurzwahltaste. Nach mehrmaligem Klingeln höre ich nur: »The person you have called is temporarily not available.« Ich lege also wieder auf. Ich starre wieder auf den Plan. Dann klingelt mein Handy. Es ist Tris. »Was?« Es liegt ein leichter Zorn in seiner Stimme.

»Hallo, Tris! Wie gut, dass Du anrufst. Pass auf. Der Plan … Wo soll der Schuppen hin? So wie auf dem Plan von vor sechs Wochen? Hinten links?«

Ich höre, wie Tristan sein Handy irgendwo gegen schlägt, dann seine Stimme: »Jahaa! Verdammt!« Klick.

Die Handwerker legen los. Ich passe auf, dass sie alles richtig machen. Obwohl ich bei einigen Dingen meine Zweifel habe, dass das so stimmt, was sie tun, halte ich mich mit dem Telefonieren zurück. Ich muss Tris ja nicht wegen jeder Kleinigkeit stören.

Doch dann löst einer der Drei bei mir wieder einen Schweißausbruch aus: »Kann ich mal Ihr Klo benutzen?«

Tris geht nicht ans Telefon. Temporarily not available. Ich bin sicher, dass nicht jeder Hans und jeder Franz unser Klo benutzen darf. Noch nicht einmal *ich* benutze unser Klo. Daher ist das eine Grundsatzfrage, über die Tris entscheiden muss, nicht ich. Ich rufe in der Redaktion an, die mir die Nummer des Hotels gibt, in dem die Konferenz stattfindet. Derweil tritt der Handwerker von einem Bein aufs andere.

Der Portier des Hotels ist sehr freundlich. Er bietet an, einen Zettel in den Konferenzraum zu reichen, da ich ihm gesagt habe, dass es um Leben und Tod geht.

Eine Weile passiert gar nichts, nur der Handwerker wird schon ganz rot im Gesicht. Plötzlich kommt Daniel von nebenan rüber und verpasst mir einen Arschtritt. »Das soll ich Dir von Tris ausrichten. Er wollte Dich nicht direkt anrufen, weil er befürchtet, dass er dann sehr ausfallend und laut geworden wäre.«

Womit wir immer noch nicht weiter sind mit der Frage, ob Fremde das Klo benutzen dürfen. Dem Handwerker ist das mittlerweile egal. Er stürmt an mir vorbei ins Haus.

Dann sagt Daniel etwas, wogegen die Klo-Attacke des Handwerkers geradezu lächerlich wirkt: »Sag mal, wollte Christian nicht einen weißen Schuppen haben?«

Um einer Ohnmacht vorzubeugen, tauche ich meinen Kopf in das kalte Wasser meines Planschbeckens. Dabei fällt das Handy hinein und ist somit unbrauchbar. Ich breche auf der Wiese zusammen. Jetzt ist mir alles egal. Ich habe alles in meiner Macht stehende getan, um eine Katastrophe zu verhindern. Der Himmel ist gegen mich. Alle sind gegen mich.

Die Stunden vergehen wie im Flug, wie ich da so jammernd herumliege.

Auf einmal steht Tris hinter mir. Er tätschelt meinen Kopf. »Na, das sieht doch prima aus«, sagt er, als er an mir vorbei nach hinten in den Garten blickt.

Ich bemerke jetzt erst, dass die Handwerker schon weg sind. Der Schuppen ist fertig. Wahrscheinlich war ich eingeschlafen, weil der Stress mich so erschöpft hat. Ich beginne wieder zu schluchzen. Mit den Worten: »Tris, mein Handy … Es ist kaputt!«, strecke ich es ihm entgegen.

Tris nimmt es mir ab und grinst. »Ich schau mal nach einem neuen für Dich. Mach Dir keine Sorgen. Kann aber etwas länger dauern.«

WARTEN AUF TRISTAN

»Warum sitzen Sie hier rum? Sind Sie ausgesetzt?«
Ich döse grad so vor mich hin, als ich diese Worte
vernehme. »Wer? Wie? Ich? Nein, seh ich so aus?
Mein Herrchen ist grad im Laden. Milch kaufen.«

»Milch. So, so. Interessant. Sie wissen, dass ich
das Ordnungsamt holen könnte, weil sie hier
herrenlos rumsitzen? Hm?«

Meine Verwirrung lässt mich nicht gleich eine
Antwort finden, deshalb stottere ich etwas: »Äh ...
nein ... ja ...«

»Außerdem ist dieser Fahrradständer für
Fahrräder gedacht und nicht, um dort ausrangierte
Köter anzubinden.«

Es gibt selten Situationen, in denen ich sprachlos
bin. Diese ist eine davon. Meine Augen reiße ich auf
bis zum Anschlag, weil ich aus dem Staunen nicht
mehr rauskomme. Wo bleibt bloß Tristan?

»Sie sehen so wohl genährt aus, nicht wie ein
ausgesetzter Hund. Fressen Sie Müll? Oder wovon
ernähren Sie sich?«

Jetzt reicht's aber. »Ich betone nochmal: Ich bin
NICHT herrenlos und NICHT ausgesetzt. Mein
Herrchen ist im Laden, um Milch zu kaufen.« Ich
verschränke die Vorderpfoten und nicke einmal zur
Bestätigung.

»Wie lange warten Sie schon hier? Eine Stunde?
Einen Tag? Eine Woche? Ein Jahr? Sind Sie schon
auf Du und Du mit der Putzkolonne? Vielleicht
bitten Sie sie mal, etwas Wasser und Seife auf Sie zu

kippen zwecks einer gründlichen Reinigung. Sie riechen.«

Eigentlich ist es viel zu warm, um sich aufzuregen, aber langsam werde ich wütend. »Gott! Ich warte gerade mal«, ich schaue auf meine Pfotenbanduhr, »30 Minuten ...«

In mir fällt plötzlich alles zusammen. 30 Minuten? So lange ist Tristan schon weg. Milch holen kann doch nicht so lange dauern. Ich bin wohl kurz eingeschlafen. Oder doch schon länger? Liege ich schon mehrere Tage hier? Mein Herz klopft. Ich bin ein verlassener Hund! Tristan hat mich vergessen. Oder ausgesetzt. Absichtlich vergessen! Ich schlucke.

»Sehen Sie? Jetzt fällt es Ihnen wie Schuppen aus den Augen, richtig? Ihr Herrchen ist futsch, kommt nie wieder. Das Ende vom Lied: Sie verhungern hier oder kommen ins Tierheim.«

Ich schüttle mich, um wieder klar zu werden. »Nein, nein. Tristan kommt schon.«

Ich zerre an der Leine, um einen Blick in den Laden werfen zu können, aber ich kann nur die Brottheke sehen. »Tristan kommt schon«, wiederhole ich. »Er würde mich nie im Stich lassen.« Glaube ich. Hoffe ich.

»Ja, der Hund. So eine treue Seele. Sogar wenn er geschlagen wird, hält er noch zu seinem Herrchen.«

»Ich werde nicht geschlagen! Tris hat noch nie seine Hand gegen mich erhoben ...« Oder hat er doch? Mein Gedächtnis ist in solchen Dingen nicht so prächtig. War da nicht mal was? Als ich seine CDs auf dem historischen 70er Jahre Plattenspieler abspielen wollte? Und geschüttelt hat er mich schon öfter. Das tut man nicht.

»Und wieder: Sie sehen so aus, als ob die Erkenntnis Sie übermannt hat.«

»Aber ich hab doch alles, was ich brauche. Ein schönes Zuhause, reichlich Futter …«

»Zuhause? Das ist ja die Frage. Und Futter? Am besten schön fettig, damit das Cholesterin Sie schnell umbringt, so dass Herrchen wieder frei ist? Vielleicht sogar noch Hühnerknochen, die Ihnen im Halse steckenbleiben? Tstststs!«

Mir wird irgendwie schlecht. Ich bin ein armer, ausgesetzter, herrenloser, halb verhungerter, cholesterinbelasteter Hund! Ich zerre an meinem Halsband, um besser Luft zu bekommen.

Plötzlich spüre ich von hinten eine warme Hand an meinem Kopf, die mich streichelt. Es ist Tristan!

»Hallo, Hastings! Hast ja brav gewartet. Es hat so lange gedauert, weil ich noch an der Fleischtheke war und Dir Rinderknochen geholt habe. Ganz was Feines.«

Mein Schwanz wedelt so hysterisch, dass ich mich kaum auf den Beinen halten kann. Mein Leben ist gerettet.

»Sag mal, Hastings, was wollte denn der komische Streunerkater von Dir?«

»Ach, nix.«

SEELENDOG

Es klopft an der Terrassentür. Da Tristan nicht da ist, muss ich wohl nachsehen. Ich lasse mich vom Sofa fallen und robbe dorthin. Auf der Terrasse steht Michi, der Nachbar. Er sieht sehr traurig und bedrückt aus. Leider hat er mich schon gesehen, so dass ich gezwungen bin, zu öffnen. »Hallo, Michi. Brauchst Du Mehl, Eier, Zucker? Ist Euer Klo verstopft?«

»Hallo, Hastings ... Ist Christian da?«

»Nee, der ist heute irgendwo anders. Er hat mir gesagt, wo er hin wollte, aber anscheinend war es so uninteressant, dass ich es vergessen hab. Er ist nicht vor acht heute Abend zurück. Kann ich ihm was ausrichten? Oder willst Du wiederkommen?«

Michi schaut erstmal seine Füße an, dann sprudelt es aus ihm raus: »Ich will jetzt nicht nach Hause zurückgehen. Dani ... Wir haben uns gestritten. Es ist furchtbar. Christian hat immer so gute Ratschläge, da wollte ich ihn mal fragen, was ich jetzt machen soll.«

In mir erwacht ein Mutterinstinkt. »Michi, komm doch erst mal rein und setz Dich in den Sessel dort. Wenn Du jetzt nicht nach Hause gehen möchtest, kannst Du hier verschnaufen. Erzähl mir, was los ist. Lass es raus!«

Michi nickt schluchzend. Er setzt sich, ich mache ihm eine Tasse Kamillentee mit Ingwer zur Beruhigung. Ich greife mir meinen Notizblock, einen Stift und meine Brille und platziere mich in den zweiten Sessel. »Dann mal los, Michi. Warum habt Ihr denn gestritten?«

»Ach, es ist eigentlich kein bestimmter Streit, nicht von heute, nicht von gestern. Dani will immer alles entscheiden. Nie darf ich das letzte Wort haben. Sonst fängt er an zu plärren wie eine Heulboje – Du kennst ja Dani –, um seinen Willen schlussendlich doch durchzusetzen. Er fragt mich nach meiner Meinung, um sie dann doch zu ignorieren. Heute beispielsweise fragt er mich, wo denn die Palme stehen soll. Ich sag, vor dem Schlafzimmerfenster, das ist schön groß. Er sagt: ›Unten vor der Terrassentür wirkt sie viel besser.‹ Und so ist das ständig. Oder gestern. ›Welchen Schal soll ich nehmen? Rot oder blau?‹. ›Blau‹, sag ich, ›das unterstreicht Deine Augenfarbe.‹ Was denkst Du welche Farbe er nimmt? Rot natürlich.

Aber das ist ja nicht alles. Ständig muss ich ihm hinterher räumen, der Diva. Wo er geht und steht, hinterlässt er Essensreste oder Geschirr. Ich bin doch nicht seine Putzfrau. Glaubst Du, er hätte mal in all den Jahren, die wir zusammen sind, das Auto gewaschen? Glaubst Du? Nein! Nicht ein Mal, nicht EIN MAL die Scheiben saubergemacht. Und wenn da noch so viel Fliegendreck drauf ist. Michi macht das ja. Kochen muss auch immer ich. Im äußersten Fall holt er was von der Pommesbude oder besser noch, er ruft einen Bringdienst an. Dafür muss ich ihm noch das Telefon reichen.«

Er macht eine kleine Pause, nimmt einen Schluck Tee, dann geht es weiter: »Na, und ständig liegen irgendwo Kleidungsstücke rum. Er kommt nach Hause, zieht seine Schuhe irgendwo aus, zieht seine Jacke irgendwo aus, zieht seine Socken irgendwo aus

– und lässt es liegen. Er sagt, er müsse sich den Arbeitsalltag abstreifen … Aber geht das denn nicht auch ordentlich und aufgeräumt? Hm? Geht das nicht? Ich geb ja zu, dass ich auch ab und an mal was liegen lasse. Aber ich räume es auch dann irgendwann wieder weg. Wenn Du glaubst, Prinzesschen macht das, dann hast Du Dich aber geschnitten. Das Zeug kann dann wochenlang, ach was sag ich, monatelang auf dem gleichen Platz liegen und verschimmeln.«

Wieder ein kleiner Schluck Tee, ich sehe ihn über meinen Brillenrand hinweg an, nicke und brumm ein verständnisvolles »Mhm, mhm.«

Michi fährt fort: »Thema Fernsehen. Immer gucken wir, was er will. Meistens sind das so Doku-Soaps mit völlig abgestürzten Existenzen, die meinen, Schauspielerei wäre kein Ausbildungsberuf. Da wird das Fremdschämen zur echten Folter. Gott! Wie kann man sowas denn nur ansehen! Aber ihm scheint es nichts auszumachen. Dazu holt er sich noch Cracker und Käse und krümelt das ganze Sofa voll, das ich gerade abgesaugt habe. Als wenn der Hund nicht schon genug Fusseln hinterlassen …«

Er bricht ab, als ich ihn wieder über meine Brille hinweg ansehe. Er macht eine wegwerfende Handbewegung. »Äh, na, das ist ja nicht so wichtig. Powder ist ja ein Knuffiger. Den würd ich nicht wieder hergeben.

Aber egal. Du weißt, was ich sagen will. Es ist nervenaufreibend. Langsam zerrt das alles an meinen Nerven und ich weiß nicht, wie lange ich das noch aushalte. Was soll ich wegen dieser ganzen Streitereien unternehmen?«

»Scheiß drauf.«

Kurz ist es still, Michi schaut mich regungslos an. Dann lächelt er. »Danke! Danke, Hastings! Ich bin so froh, dass wir drüber gesprochen haben! Du hast mir sehr geholfen.«

Er schüttelt mir die Pfote und hüpft auch schon wieder nach drüben.

Termine können gern telefonisch vereinbart werden.

FORUM > HUND > ERNÄHRUNG

Steffi97:

Hallo, ich bin neu hier und habe ein problem mit mein Hund Bernie, ein Golden Rettriever. Er frist nicht mehr so wie sonst. Hat nicht so apetit. Das ist jetzt siet zwei Wochen so.

Chris2000:

Mit so wenig Infos kann man nichts anfangen. Erzähl mal mehr. Wie ist er sonst, wie alt ist er, warst Du schon beim Arzt. Herrgott nochmal. Muss man den Leuten alles aus der Nase ziehen.

Lumidu:

Hey Steffi, ich kann mich Chris nur anschließen. Obwohl ich es nicht so gesagt hätte.

Steffi97:

Bernie ist 8. Sonst ist er nomal. Wir warenochnich beim Arzt. Er mag einfach sein Trockenfuter nicht fressen.

Chris2000:

Trockenfutter? Hast Du sie noch alle? Du bist ein ganz übler Tierquäler, weißt Du das? Gib Deinem Hund mal richtiges Essen. Sauerbraten mit Soße und Kartoffeln oder sowas.

Schnuffi:
Sauerbraten? Du gibst Deinem Hund Sauerbraten? Davon wird er krank! Du hast anscheinend keine Ahnung von Hunden und spielst Dich hier so auf!

Steffi; Du kannst Deinem Hund mal Reis und Hühnchen anbieten. Vielleicht schmeckt ihm das.

Lumidu:
Ja, Reis und Huhn oder Fisch geht auch.

Chris2000:
Das ist ne Diät für Kranke. Der arme Kerl braucht ordentlich was zu beißen. Ein T-Bone-Steak oder so. Zwiebelbraten geht auch. Der ist lecker! Hör bloß nicht auf die Dumpfbacken hier.

Schnuffi:
Chris Du kannst einem Hund keinen gewürzten Braten geben!! Er kann davon ziemliche Beschwerden kriegen und bei Zwiebel kann er sogar sterben.

Lumidu:
Warum redest Du so einen Blödsinn, Chris? Nachher hören die Leute noch auf Dich!

Chris2000:
Ihr habt ja keine Ahnung! Von Schokolade kann ein Hund sterben, aber doch nicht von Fleisch! Ihr solltet mal eure Hund sehen, wie sie sich freuen werden! Wer seinen Hund nicht kennt, sollte hier nicht schreiben, also verschwindet!

Steffi97:
Wennich ihn vom tisch was gebe nimmt er es. Nur sein eigens Futter will er nicht. Vielleichthat Chris recht.

Chris2000:
Seht ihr? Seht ihr? Knall ihm mal ordentlich Klöße und Eisbein mit Sauerkraut auf den Teller. Hör bloß nicht auf die Vollpfosten hier. Die hatten wohl noch nie Hunde.

Lumidu:
Gibt es hier keinen Moderator, der das mal abstellt? Soviel Blödsinn ist ja nicht mehr zu ertragen!

Chris2000:
Du blöde Nuss! Nur weil du mal nicht weißt, wie man mit Hunden richtig umgeht, wirst du gleich zickig! Du solltest rausfliegen, weil du beratungsresistent bist!

»Hastings, warst Du an meinem PC? Ich glaube, Du hast auf meinen Monitor gespuckt ... Was ist denn jetzt wieder los? Warum kann ich mich nicht einloggen? Da kann doch was nicht stimmen ... Das ist jetzt schon das dritte Haustierforum, bei dem ich gesperrt bin.«

KEINE WAHL

Ich hole die Post aus dem Briefkasten. Neben einer Unmenge an Werbung ist auch ein Brief mit der Aufschrift »Wahlbenachrichtigung« dabei, den ich sofort öffne. Tris ist etwas pikiert: »Wie kommst Du dazu, meine Briefe aufzumachen?«

»Oh … Entschuldigung. Ich dachte, er wäre für mich. Aber Du hast Recht. Der einzige Wal hier bist Du.«

Tris findet das nicht lustig. Er reißt den Brief an sich. Dann wird er nachdenklich. »Ja … bald ist Bundestagswahl … Man hat als Bürger die moralische Pflicht, wählen zu gehen … Da hab ich gar keine Lust zu.«

Ich durchwühle nochmal die Werbung. »Wo ist meine Wahlbenachrichtigung?«

»Hunde bekommen keine Wahlbenachrichtigung. Was denkst Du denn?«

»Aber ich zahle Steuern. Warum darf ich nicht wählen?«

»Erstens zahle ICH die Steuern für Dich. Zweitens bist Du kein Mensch. Nur Menschen dürfen wählen. Drittens muss man die deutsche Staatsbürgerschaft haben. Alles Bedingungen, die Du nicht erfüllst.«

»Was? Was bin ich denn sonst für ein Staatsbürger? Spinnst Du?«

Herrchen grübelt ein bisschen. »Tja … weiß gar nicht so genau … Du hast einen EU-Impfpass.«

»Das heißt, ich habe mehrere Staatsbürgerschaften? Darf ich dann überall in Europa wählen? Ist das so ne Art Diplomatenpass?«

»Hastings, das glaube ich weniger. Außerdem ist das zweitrangig. Völlig Wurst. Du bist ein Hund, und Hunde können nicht wählen. Ende aus, Micky Maus.«

Das ist Mist. Leider reicht die Zeit nicht mehr, mich als Asylbewerber zu verkleiden, die deutsche Staatsbürgerschaft zu beantragen, sie zu bekommen und dann als »Mensch« wählen gehen zu können. Mir muss also was anderes einfallen. Denn ich will, dass sich was ändert in Deutschland. Mehr Freilaufflächen für Hunde! Nieder mit dem Zutrittsverbot für Hunde in Lebensmittelläden und Kinos! Jedem Hund seinen Postboten!

Ich muss unbedingt mit einem Menschen reden, der mir vielleicht helfen könnte. Ich gehe durch den Garten rüber zu Michi und Dani. Leider ist nur Powder da, der mich durch die Terrassentür ankläfft. Also rufe ich Sabine an. Sie meldet sich nach dem ersten Klingeln. »Hallo?«

»Hallo, Sabine, hier ist Hastings! Ich …«

»Ist was passiert? Ist was mit Christian? Hatte er einen Unfall? Geht es ihm gut? Er ist doch nicht tot?«

Frauen. Ich halte den Hörer etwas von meinem Ohr weg, atme tief durch und versuche, weiter zu sprechen. Ich muss sie aber erstmal anschreien, damit sie mir zuhört. »Sabine! Sabine! Hey!! Mit Tris ist alles in Ordnung, keine Sorge.«

»Gott sei Dank. Warum zum Henker rufst Du mich dann an?« Sie scheint immer noch böse zu sein, weil ich ihr durchs Gesicht geleckt habe, um sie vom Softeis zu befreien.

»Sabine, es ist wichtig. Es geht um meine Existenz. Um unser aller Existenz.« Ich mache eine Pause, um dem Satz mehr Gewicht zu verleihen. »Die Bundestagswahl. Sie ist bald, und ich als diskriminierter Hund darf nicht wählen! Da Du ja politisch völlig unterbelichtet und desinteressiert bist, könntest Du mir Deine Stimme übergeben, also für mich das Kreuz machen?«

Stille.

»Sabine? Hallo?«

Sie hat einfach aufgelegt. Dieses Biest.

Jetzt muss also das kommen, wovor mir graut. Ich muss Tristan fragen. Passenderweise liest er sich gerade im Internet die Wahlprogramme diverser Parteien durch, weil er sich noch nicht entschieden hat. Ich rücke mir einen Stuhl an seinen Schreibtisch, um mich ebenfalls zu informieren. Nach bestimmt 10 Minuten sieht Tristan mich verwundert an. »Was willst Du?«

Da er grad so nah an mir dran ist, lecke ich ihm über die Nase. »Ich will mich schlau machen. Ich weiß auch noch nicht, wen ich wählen soll.«

Tris reibt sich mit der Hand angewidert durchs Gesicht. »Wie ich Dir vorhin schon mal sagte, Du kannst nicht wählen. Also verschwinde, Du stinkst.«

»Das ist der Pansen, den ich gegessen habe. – Du hast vorhin auch gesagt, dass Du keine Lust hast zu wählen, ich will aber. Also wäre es doch höchst anständig von Dir, wenn Du für mich hingehst und meine Meinung vertrittst. Hm? Wär das nicht höchst anständig?«

Mein Mensch schaut mich an, schaut mich lange an, weiß, dass ich ihm sehr ausführlich auf die Nerven gehen werde, wenn er nicht zustimmt. Das natürlich nicht nur vor der Wahl, sondern im Nachgang noch vorwurfsvoller. Er macht deshalb einen recht passablen Vorschlag. »Vielleicht finden wir ja eine Partei, die wir beide wollen. Dann mach ich ein Kreuz für uns beide.«

Fünfzig Prozent sind besser als nichts, also stimme ich zu. Wir schauen uns also die diversen Seiten an. Bei den meisten schütteln wir simultan unsere Köpfe und wenden uns dem nächsten Programm zu. Es ist niederschmetternd. Nach zwei Stunden bin ich müde. »Tris, ich hab keine Lust mehr. Wo ist meine Partei? Niemand vertritt mich!«

Tristan reibt sich die Augen. »Tja, Hastings, da müssen wir eben noch weitersuchen … Wir werden uns schon einig.«

Nach einer weiteren Stunde schlafe ich an seine Schulter gelehnt ein. Als ich aufwache, spielt Tristan Pong.

Ich boxe ihn auf den Oberarm. »Hey! Konzentrier Dich gefälligst auf wichtige Dinge! Hast Du schon eine Partei gefunden?«

»Aua! Hau doch nicht immer auf die gleiche Stelle, verdammt! Und ja, ich habe zwei Parteien gefunden, die meinen und Deinen Wünschen halbwegs entsprechen. Also Hundert Prozent kannst Du nicht erwarten. Das schafft keine Partei, nie nicht!«

Er ruft die entsprechenden Seiten auf. Tatsächlich sind die beiden Parteien nicht rechts oder links, setzen sich für Tierschutz und Umweltschutz ein und die Vorsitzenden haben keine Bärte (Tris und ich sind uns einig, dass Bärte immer irgendwelche

Gesichtszuckungen bei unangenehmen Fragen vertuschen sollen – also ein Ausschlusskriterium).

Zwei Parteien sind immer noch eine zuviel, wenn man sich entscheiden muss. Aber da werden wir uns schon einig.

Am Tag der Wahl gehen wir mental gut gerüstet zum Gemeindehaus. Tris zeigt seinen Ausweis, ich zeige meinen Impfpass. Die Wahlhelfer schmunzeln. Das ist mir aber egal. Mir ist wichtig, meine Stimme abzugeben. Wir müssen uns in einer Art Umkleidekabine verstecken, um auf dem großen Blatt unser Kreuz zu machen. Tris setzt mit dem Kugelschreiber an. Er wird doch nicht ...

»Tristan! Tristan! Was machst Du? Die andere, die andere Partei!« Ich deute mit meiner Pfote auf die zweite von uns auserwählte Möglichkeit.

»Hastings, ich habe im Radio gehört, dass die die Strompreise erhöhen wollen. Das geht gar nicht!«

»Aber die, die Du willst, wird von einer Frau geleitet. Und das geht auch nicht. Die hat mir zuviel Ähnlichkeit mit Sabine. Das ist mir unheimlich.«

»Jetzt mach aber mal einen Punkt! Das ist ein ziemlich bescheuertes Argument. Ich mach jetzt das Kreuz.«

»Nein, wirst Du nicht!« Ich versuche, den Kugelschreiber zu greifen. Tris reißt ihn heftig nach oben, so dass die Kette, mit der er am Schreibpult befestig ist, zerreißt. Wir erschrecken uns und sind erst mal still. Als wir uns wieder besinnen, geht der Kampf weiter. Die Kabine ist dafür nicht ausgelegt und wackelt schon verdächtig. Aber ich kann nicht zulassen, dass Tris eine falsche Entscheidung trifft. Also fresse ich den Zettel.

Tristan ist ziemlich geplättet. »Und jetzt? Und jetzt? Jetzt haben wir keine Möglichkeit mehr, unsere Stimme abzugeben. Weder Deine, noch meine! Du bist ein Idiot!«

Wir geben aber noch nicht auf. Die Wahlhelfer, die höchstwahrscheinlich die Wackelaktion der Kabine verfolgt haben, schauen uns skeptisch an. Mein Herrchen setzt ein überaus freundliches Lächeln auf. »Mein Hund hat den Wahlzettel gefressen. Könnte ich einen neuen bekommen?«

Begleitet von einem vorwurfsvollen Seufzer bekommt er einen neuen Stimmzettel ausgehändigt. Wir gehen die Sache aufs Neue an. Diesmal greife ich den Kugelschreiber als erster. Als ich ihn ansetze, hält Tristan mir ein Leckerchen vor die Nase. Er säuselt: »Gib mir den Kugelschreiber! Na los, gib mir den Kugelschreiber! Lieber Hund, gib!« Vor meinen Augen erscheinen bunte Kringel. Mit einem Lächeln gebe ich ihm den Kugelschreiber. Im Gegenzug bekomme ich das Leckerchen. Mist! Damit kriegt er mich immer!

»Tris, das ist so gemein!« Ich boxe ihn auf den Oberarm, so dass die eine Linie seines Kreuzes über das gesamte Blatt verläuft.

»Hastings! Guck, was Du angerichtet hast!« Er schubst mich, ich schubse zurück. Da, wie gesagt, die Kabine recht klein ist, bleibt nicht viel Platz zum Schubsen. Wir prallen gegen die Außenwände. Die Kabine klappt auseinander. Wir stehen jetzt im Freien, gut sichtbar für alle Anwesenden. Ich mit den Pfoten an Tristans Hals, Tris mit dem Kugelschreiber in der Hand, um meine Ohren anzumalen. Wir halten inne. Mein Herrchen bekommt eine recht gesunde Gesichtsfarbe, ich wedle aus Verzweiflung.

Stumm bauen wir die Wahlkabine wieder auf, Tris steck den Wahlzettel in die Urne. Wir verlassen die Lokalität, verfolgt von den bösen Blicken der emsigen Wahlhelfer. Wir haben keine Ahnung, wo jetzt genau welches Kreuz gelandet ist und ob der Stimmzettel überhaupt gültig ist.

Aber wir haben unsere Bürgerpflicht erfüllt.

DO IT YOURSELF

»Hastings! HASTINGS! Wo steckst Du denn? HILF MIR BITTE, DIE EINKÄUFE AUS DEM AUTO ZU HOLEN! HASTINGS! Wo ist er nur wieder? HASTINGS? BIST DU IM WOHNZIMMER? MACH DEN FERNSEHER AUS UND HILF MIR! Ne, da ist er nicht. Menno. BIST DU OBEN? SCHLÄFST DU? Auch nicht. Im Garten ist er sicher nicht, es regnet …

Gott, muss ich jetzt alles allein reinschleppen. Im Regen. Mistmistmist. HASTINGS! KOMM SOFORT HER! HALT MIR WENIGSTEN DIE TÜR AUF! Kackepissearsch! Tür zu. Super. – Na, toll. Jetzt liegt der Käse im Dreck. HASTINGS! LANGSAM REICHT DAS VERSTECKSPIEL! SOFORT BEI FUSS! Alles nass, verdammt!

HASTINGS! ICH HAB DICH GEHÖRT! ICH WEISS, DASS DU DA BIST! HILF MIR BEIM KARTOFFELSCHÄLEN! Wo hab ich denn …. Aha. Das gute Messer … Die Zwiebeln … AUA! VERDAMMT! MIST! ICH BLUTE! HASTINGS! ICH HAB MICH GESCHNITTEN!!!! BRING MIR DOCH EIN PFLASTER!!

Da war doch ein Geräusch … HASTINGS! Hastings? Aua, aua, aua! Wo sind die blöden Dinger bloß … Das tropft wie Sau! Ach, da. Das geht doch bestimmt gleich wieder ab. Dreck blöder. HASTINGS! KANNST DU – BITTE – HERKOMMEN UND MIR HELFEN? MIT

111

VERBAND GEHT DAS SCHLECHT! Hastings?
Hallo?
Dosenöffner, Dosenöffner. Es klemmt wieder.
Ich muss doch mal eine neuen kaufen. Der kleine
Topf? Das Fleisch ... Fett abschneiden, ist ja eklig.
Sieht gut aus. Halbe Stunde in den Ofen ... mit Bier
bestreichen. Lecker! Was macht der Rotkohl? Der
Schnittlauch ... ja, nicht zu viel und nicht zu wenig.
Noch ein bisschen davon ... Hmmm. Riecht gut ...
HASTINGS! RIECHST DU DAS NICHT?
WILLST DU IMMER NOCH NICHT KOMMEN?
Blöder Köter, blöder. Ich muss den Braten
wenden ... Und die Kartoffeln, was machen die
Kartoffeln? Noch zu hart. Rotkohl ist fertig ... Der
Braten ...
Man, ist mir warm. Was für eine Arbeit ... Man
müsste vier Hände haben ...ODER VIER
PFOTEN! Noch ein bisschen Pfeffer ... auch für die
Soße ... Kartoffeln, fertig? Ja. Braten noch ein
bisschen ...Soße passieren ...
AH! VERDAMMT! Was für eine Sauerei!
HASTINGS! ZEWA! AU! MIST IST DAS HEISS!
Dreck, Dreck, Dreck! – HASTINGS!! DECK DEN
TISCH!!! Was soll ich denn noch alles gleichzeitig
machen? Auf den Braten aufpassen, den Tisch
decken, die Kartoffeln abgießen ...
Gabeln, hab ich schon Gabeln hingelegt? Gut!
Gut! Gut! Der Braten ist durch! Was für eine schöne
Farbe! Aufschneiden ... Kartoffeln abgießen,
Kartoffeln abgießen ... Alles da? Hab ich was
vergessen?
HASTINGS! ESSEN IST FERTIG!«
»Bin da! – Ist Dir schon mal aufgefallen, dass Du
Selbstgespräche führst?«

NATÜRLICH KÜNSTLICH

»Tristan!«

»Hastings?«

»Tristan, ich will keinen Pelz mehr tragen.«

Tristan schaut mich entgeistert an, als ob ich vom Mond käme. »Was?«

Meiner Meinung nach ist nicht schwer zu verstehen, was ich gesagt habe, daher werde ich ungeduldig. »Wie: ›Was‹? Was gibt's da zu wassen? Das war doch eine klare Aussage: Ich will keinen Pelz mehr tragen. Punkt.«

Tristan macht ein verkniffenes Gesicht. »Hastings. Was ist das für eine absurde Idee? Du trägst doch gar keinen Pelz. Ich meine … Du hast doch … ähm …«

»Siehst Du? Eindeutig nicht eindeutig! Pelz ist grausam. Ich möchte mich davon distanzieren. Weißt Du eigentlich, wie viele Hunde für einen Pelzmantel sterben müssen? 10 Schäferhunde oder 150 Chihuahuas! Ist das zu fassen? Für meinen Pelz musste mindestens ein Irischer Wolfshund dran glauben! Ich will solche Grausamkeiten nicht unterstützen!«

Ich habe keine Ahnung, warum er das tut, aber Tristan schlägt mit seinem Kopf mehrfach auf den Schreibtisch, dann schaut er mich mit glasigen Augen an. »Hastings, mach Dir keine Sorgen. Dein Pelz ist nicht echt.«

Irgendwie beschleicht mich das Gefühl, dass er mich nur loswerden will. Aber er deutet mir mit seinem Zeigefinger, kurz zu warten und kramt in seinem Schreibtisch herum. Mit einem »Aha!« zieht er meinen Impfpass hervor. »Hastings, siehst Du hier? ›Irischer Wolfshund-Mix aus Retortillo‹. Siehst Du? Retortillo ist spanisch und heißt ›nachgemacht‹.«

Er hält mir den Pass vor die Nase. »Ich weiß, was das heißt. Bin ja praktisch Spanier. Könntest Du das bitte auch auf meinen Waschzettel drucken, damit ich das jedem Zweifler zeigen kann?« Ich fummle an meinem Halsband, mache meinen Adressanhänger ab und reiche ihn Tristan. Er holt tief Luft und nickt.

Gott sei Dank hat sich das geklärt. Ich habe nämlich keinen Reißverschluss gefunden.

BLOCKADE

»Hastinnnnnngggggggs!«

Ich höre den jammernden Ruf meines Herrchens und eile herbei. »Was'n?«

Tristan sitzt am Schreibtisch, sieht ziemlich mitgenommen aus, auch so, als hätte er seit Tagen nicht geduscht. Ich schnüffle an ihm und sehe meinen ersten Eindruck bestätigt, sage aber nichts.

»Hastings, ich bin am Ende. Ich komme einfach nicht weiter.«

»Ja, was denn nun? Wenn Du am Ende bist, brauchst Du ja auch nicht weiter. Wo ist das Problem?«

Tristan seufzt sehr laut und ist den Tränen nahe. »Ich bin anscheinend nicht fähig, Geschichten zu schreiben. Artikel sind ein Klacks für mich. Aber Kurzgeschichten sind ein Graus! Ich kriege die Kurve nicht. Ich suche schon ewig nach einer Pointe. Sie ist einfach nicht auffindbar.«

Der arme Kerl tut mir leid. Mich überkommt der Drang, ihm beizustehen. Vor allem, weil er die Brötchen verdient. Wenn er eine Schreibblockade hat, kriege ich nix zu fressen. »Tris, es wird alles gut. Erzähl mal. Um was geht es denn?«

»Also … Da ist ein Mann, der hat einen Hund, mit dem lebt er in einem kleinen Haus mit Garten, das er von seinen Eltern geerbt hat. Der Hund kann sprechen und ist auch sonst ein ziemlich gerissenes Kerlchen. Sie erleben dies und das zusammen, es ist alles lustig …«

»Tris, Tris«, unterbreche ich ihn, »das hört sich aber sehr hanebüchen an. Wo hast'n den Blödsinn her? Geht gar nicht.«

»Ne, ne, an sich ist diese Grundlage schon gut durchdacht, man kann viel darauf aufbauen, aber ich … ich …« Er beginnt zu schluchzen.

»Ich weiß einfach nicht, wie man eine Geschichte zum Ende bringt und das auch noch in witziger Form. Ich bin völlig pointen-frei! Eine Katastrophe!«

»Tja … da fällt mir auch nix ein. Tut mir leid. Mach's halt ohne Pointe. Schreib einfach ›Ende‹ drunter und fertig.«

Ende

DANKE

Mein Dank gilt natürlich überwiegend mir selbst.
Schließlich habe ich das Buch geschrieben. Danke auch an
meinen Mann, der immer die Pizza holt. Und danke an
meinen Hund, weil er da ist.

KONTAKT

Kritik oder Lob, Fragen oder Anregungen?
Schreiben Sie mir: emily@prosaschleuder.de

www.ingramcontent.com/pod-product-compliance
Lightning Source LLC
Chambersburg PA
CBHW020506030426
42337CB00011B/253